N° 107

TRAITÉ
THÉORIQUE ET PRATIQUE
DE
L'ÉTAT CIVIL

PAR H. CIVAL

DOCTEUR EN DROIT

SUBSTITUT AU TRIBUNAL CIVIL D'AUTUN

(Saône-et-Loire)

AUTUN

IMPRIMERIES DEJUSSIEU ET VILLEDEY

1851

TRAITÉ
DE L'ÉTAT CIVIL

PAR H. CIVAL.

31489

TRAITÉ

THÉORIQUE ET PRATIQUE

DE

L'ÉTAT CIVIL

PAR H. CIVAL

DOCTEUR EN DROIT

SUBSTITUT AU TRIBUNAL CIVIL D'AUTUN

(Saône-et-Loire)

AUTUN

IMPRIMERIES DEJUSSIEU ET VILLEDEY

1851

PRÉLIMINAIRES HISTORIQUES

Longtemps, en France, la preuve de l'état civil se tira de la possession. Les naissances, mariages et décès s'établissaient par témoins.

Voulant obvier aux inconvénients de la preuve orale, François Ier prescrivit par une ordonnance du mois d'août 1539 (1) *aux chapitres, collèges, monastères et curés*, de tenir un registre où ils

(1) Ord. de Villers-Cotteret du mois d'août 1539, art. 50, 51, 52 et 53.

inscriraient les sépultures en mentionnant le temps du décès, et un autre registre pour les baptêmes devant *contenir le temps et l'heure de la nativité.* Ces registres et leurs extraits devaient faire preuve. Les actes devaient être signés par le curé et par un notaire, et les registres devaient être déposés chaque année au greffe du bailliage ou de la sénéchaussée les plus voisins.

L'ordonnance laissait de côté le mariage, et si elle s'occupait des actes de décès, ce n'était qu'à l'encontre des personnes pourvues de bénéfices.

Henri III combla cette lacune par son ordonnance du mois de mai 1579 (1). Profitant de l'usage établi dès longtemps par le clergé, d'inscrire sur des registres les baptêmes, mariages et enterrements, il ordonna le dépôt de ces registres, chaque année, aux greffes des juridictions, dans le ressort desquels se trouvaient les paroisses d'alors, et fixa pour l'effectuer un délai de deux mois.

De plus, il prescrivit (art. 40 de lad. ord.), de faire précéder le mariage de proclamations de

(1) Ord. de Blois, — mai 1579, art. 181.

bans, faites par 3 jours de fête, avec intervalle compétent. Après la première proclamation faite, on peut obtenir dispense des deux autres; mais seulement *pour quelque urgente et légitime cause et à la réquisition des principaux et plus proches parents communs des parties contractantes.*

Enfin le mariage (même art. 40) doit être célébré publiquement, quatre personnes dignes de foi doivent y assister pour servir de témoins, et il en est dressé acte sur un registre.

Ces différentes dispositions établissaient la nécessité de tenir des registres pour constater l'état civil; mais elles n'entrent dans aucun détail sur la tenue des registres, la rédaction des actes et les personnes qui doivent y figurer.

L'ordonnance de 1667 (1) vint réparer cet oubli.

Les registres, aux termes de l'ordonnance (art. 8. tit. 20), doivent être fournis chaque année par la Fabrique. Il n'y a pour tous les actes qu'un seul registre tenu double, dont les feuillets sont cotés et paraphés par le juge royal du lieu où

(1) Ord. civ. du mois d'avr. 1667, titre 20, art. 7 à 14.

l'église est située. L'un des doubles reste aux mains du curé pour minute, l'autre est porté au greffe du juge royal pour servir de grosse.

Ces mesures de précaution prises pour empêcher la perte des registres, ou l'enlèvement de quelques feuillets, l'ordonnance (art. 9 et 10) trace les règles à suivre pour la rédaction des actes, les mentions qu'ils doivent contenir, les personnes qui doivent y figurer comme déclarants ou témoins.

Le dépôt des deux registres se fait dans les six premières semaines de chaque année. Le greffier les collationne, barre les blancs et feuillets non remplis. Il remet au curé la minute et conserve la grosse dont il donne décharge (art. 11).

Les parties peuvent prendre des extraits, soit sur le registre du curé, soit sur celui du greffier indistinctement, en prenant un droit que fixe l'ordonnance, droit qu'ils ne peuvent excéder à peine d'exaction (art. 12).

La peine en cas de contravention aux règles de l'ordonnance est de 20 livres d'amende pour les laïques ; les ecclésiastiques peuvent être contraints à l'exécution de ces mêmes règles par la saisie de leur temporel (art. 13).

Si les registres sont perdus, ou s'il n'en a pas été tenu, la preuve s'en fera soit par titres, soit par témoins, et dans ce cas on pourra justifier les baptêmes, mariages et sépultures tant par les registres ou papiers domestiques des père et mère décédés, que par témoins, sauf la preuve contraire (art. 14).

Une déclaration de Louis XV, du 9 avril 1736, vint ajouter de nouveaux détails à ceux de l'ordonnance de 1667. Comme celle-ci elle prescrivit la tenue de deux registres fournis par la Fabrique, dont l'un serait sur timbre, dans les lieux où c'était d'usage; seulement elle voulut, à la différence de ce qui avait lieu sous l'empire de l'ordonnance, que les deux registres fussent signés incontinent par les parties afin qu'il n'y eût plus de différence entre les deux, que l'un ne fût plus la copie de l'autre, mais que tous deux fussent registres originaux faisant preuve au même titre (art. 3).

Lorsqu'un enfant n'a pu être baptisé et a été seulement ondoyé, il doit en être dressé acte dans la forme prescrite pour les baptêmes (art. 5).

Les mariages ne doivent point être inscrits ni signés sur des feuilles volantes. La peine en cas de contravention est arbitraire contre le curé; contre les parties il y a déchéance des avantages portés au contrat de mariage ou dans d'autres actes, et même privation des effets civils du mariage (art. 9).

Ceux qui sont trouvés morts avec des signes ou indices de mort violente, ne peuvent être inhumés qu'en vertu d'une ordonnance du lieutenant criminel, laquelle est relatée dans l'acte de décès. Le procès-verbal d'inspection du cadavre, l'enquête s'il y en a eu, ainsi que l'ordonnance, sont déposés au greffe, pour y avoir recours au besoin (art. 12).

Ceux auxquels la sépulture ecclésiastique est refusée, ne peuvent être inhumés qu'en vertu d'une ordonnance du juge de police des lieux. Il y est fait mention du jour du décès, des noms et qualités des personnes décédées. Ces ordonnances sont consignées sur un registre au greffe et on en peut prendre des extraits (art. 13).

Dans les paroisses où s'est introduit l'usage d'avoir un registre pour les baptêmes, un pour les mariages et un autre pour les enterrements, cet usage continuera à subsister pourvu qu'on ait un double de chaque registre (art. 16).

Divers articles de la déclaration (art. 4, 7, 8 et 10) tracent les règles à suivre pour la rédaction des actes de baptême, mariage et sépulture.

Comme les deux registres sont également authentiques, il n'y a plus lieu de les collationner ; aussi n'en envoie-t-on plus qu'un au greffe. Les blancs, les feuillets non remplis sont barrés par le juge, le greffier en donne au curé, moyennant un droit assez minime, une décharge sur papier libre (art. 17 et 18).

Comme l'ordonnance de 1667, la déclaration de 1736 donnait aux parties le droit, moyennant une somme qui variait suivant les localités, de prendre des extraits au greffe ou à la cure (art. 19).

Enfin, les peines en cas de contravention aux règles prescrites par la déclaration, sont réduites à dix livres d'amende contre les laïques, et dix livres d'aumônes, applicables à des œuvres pies, contre les ecclésiastiques, sans préjudice des dommages-intérêts (art. 39).

Le pouvoir judiciaire a un droit de contrôle sur les ecclésiastiques préposés à la tenue des registres de l'état civil. Quand un curé meurt, le juge du lieu dresse procès-verbal du nombre et des années des registres qui étaient en la possession du défunt, de l'état où il les aura trouvés, ou des défauts qui pourraient s'y rencontrer (art. 21).

Les ordonnances et édits antérieurs ne s'étaient point occupés des rectifications à faire aux actes de l'état civil. La déclaration de 1736 enjoigni de faire la *réforme* sur les deux registres à la fois, en marge de l'acte à réformer et qui, dès-lors, ne sera pas altéré dans sa substance. Le jugement de réformation sera transcrit en entier ou par extrait dans cette marge. La rectification est faite par le curé sur les deux registres, s'ils sont encore en sa possession, sinon, par le greffier, sur le registre qui lui a été déposé, et par le curé sur celui qui lui reste entre mains.

Telle était la législation en vigueur pour les

catholiques seulement. Les juifs n'avaient pas d'état civil à faire constater. Tolérés en France dans certaines provinces (1), ils n'étaient pas sur la même ligne que les autres habitants. « Le juif n'a aucun domicile fixe, » dit le premier président de Boug dans son *Recueil des Ordonnances d'Alsace* (t. 2, p. 461). Quelques lignes plus loin il ajoute : « Les juifs ne sont ni citoyens ni bourgeois. »

L'article 25 des lettres patentes du 10 juillet 1784 est la seule disposition législative qui se soit occupée de l'état civil des juifs. Cet article prescrit, à peine de 100 francs d'amende, de déclarer les mariages, naissances et décès dans un délai de deux jours, devant le juge du lieu, qui les consigne sur un double registre. Ces lettres patentes ne s'appliquent qu'à l'Alsace. Dans les autres provinces on n'avait de ressources que dans les témoignages ou papiers de famille (2).

Les protestants furent longtemps privés des

(1) V. Merlin, Répert. v°, Juifs, p. 2, et Basnage, Hist. des Juifs, éd. de La Haye de 1766, t. 9, 2e partie, pag 605, 606, 613 et 614.

(2) On pouvait encore consulter, pour les naissances

droits civils. L'édit de pacification de Henri III, du 7 septembre 1577, commença à faire disparaître la ligne profonde de démarcation qui les séparait des autres sujets du roi. Celui d'Henri IV, du 31 avril 1598, les admit à habiter le royaume, les autorisa à exercer publiquement leur culte, et les déclara aptes à remplir toutes les charges et fonctions publiques.

Ces édits étaient muets sur l'état civil. Il s'établissait par témoins ; car si les pasteurs du culte réformé tenaient des registres, ces registres n'avaient aucun caractère légal, et ne pouvaient faire preuve des faits qui y étaient consignés.

Une déclaration de Louis XIV, du 1er février 1669, combla cette lacune. Les ministres de la religion réformée durent tenir registres des baptêmes et mariages, et en fournir de trois mois en trois mois un extrait aux greffes des bailliages et sénéchaussées de leur ressort (art. 9).

des garçons, le livre du péritomiste et la toile enveloppant les tables de la loi, sur laquelle s'inscrivent les noms des enfants mâles circoncis.

L'application de ces prescriptions fut de courte durée. En 1685 (1) l'édit de Nantes, du 31 avril 1598, fut révoqué. En conséquence de cette révocation, les temples protestants durent être démolis, l'exercice du culte réformé interdit. Les pasteurs protestants durent se convertir sur-le-champ, sinon, sortir de France à peine d'être envoyés aux galères. Les enfants durent sous peine d'amende et de plus grande peine s'il y échéait, être envoyés au prêtre catholique pour être baptisés et être élevés dans les principes de la religion catholique.

A ces conditions, les protestants purent rester dans le royaume, y continuer leur commerce et jouir de leurs biens.

Il n'y eut plus que les prêtres catholiques qui pussent constater les naissances de leurs enfants et célébrer leurs mariages.

Quant aux décès, il n'était plus guère possible de les établir autrement que par la preuve testi-

(1) Edit de Fontainebleau du 22 octobre 1685, portant révocation de celui de Nantes.

moniale, les prêtres refusant d'accorder la sépulture à ceux qui avaient persisté dans la pratique de la religion réformée.

L'ordonnance de 1667 n'avait pas prévu le cas de refus de sépulture. Cette omission, qui ne fut réparée pour les catholiques que par la déclaration de 1736 (art. 13), le fut pour les protestants dès le mois de décembre 1685 (1). En cas de décès d'un protestant, deux de ses plus proches parents ou voisins, s'il n'y avait pas de parents, durent, à peine d'amende arbitraire, en faire la déclaration au juge royal ou seigneurial, et signer leur déclaration sur un registre tenu à cet effet par le juge.

Les choses en restèrent là jusqu'en 1787 (2), époque à laquelle Louis XVI règlementa par un édit l'état civil des protestants.

Ceux-ci ne furent plus obligés, pour faire constater leur état, de s'adresser aux prêtres catholiques. Cet état put être constaté par les officiers

(1) Déclaration datée de Versailles du 11 décembre 1685.

(2) Edit du 28 novembre 1787, art. 8 à 31 inclusivement.

de justice, qui furent investis, à leur encontre, des fonctions d'officiers de l'état civil.

A cet effet deux registres dûrent être tenus dans la principale justice de toutes les villes et de tous les bourgs et villages du royaume. C'est sur ces deux registres que furent inscrites les déclarations des parties. On put en prendre des extraits comme on en prenait des registres de baptêmes, mariages et sépultures tenus par les prêtres catholiques.

Les publications de bans ne se firent plus dans les églises et uniquement par l'organe d'un prêtre. Elles furent faites à la porte de l'église, soit par le curé, soit par le greffier, en présence du juge ou de son délégué.

Outre ce point capital, la substitution du pouvoir judiciaire au pouvoir religieux pour la rédaction des actes, l'édit de 1787 contient des dispositions nombreuses sur la rédaction des actes, sur les personnes qui devront déclarer les naissances ou les décès, sur les bans et leurs publications, les oppositions à mariage, les formes du mariage et les mentions que doit contenir l'acte de mariage. Ces dispositions de détail ont en grande partie trouvé place dans les articles de notre Code civil.

La révolution de 1789 devait effacer cette distinction entre les catholiques et les dissidents. Remplissant une promesse de l'assemblée constituante (1), l'assemblée législative établit (2), pour tous les habitants indistinctement un mode uniforme de constater, abstraction faite des cérémonies religieuses, les mariages, naissances et décès, au moyen d'actes reçus et conservés par une autorité purement civile (3).

Voici du reste le texte de cette loi, que je ne

(1) Constitution des 3-14 septembre 1791, titre 2, art. 7.

(2) Loi des 20-25 septembre 1792 qui détermine le mode de constater l'état civil des citoyens.

(3) Ce nouvel ordre de choses éprouva de vives résistances pour s'établir. Nous en trouvons la preuve dans la proclamation du conseil exécutif provisoire du 22 janvier 1793. Le gouvernement dut intervenir pour faire exécuter la loi du 20 septembre 1792.

Le pouvoir législatif fut obligé d'interdire, sous des peines sévères, d'admettre, à titre de preuve, les registres que pourraient tenir les ministres des cultes (V. décret du 7 vendem. an 4, tit. 4, sect. 4, art. 20. — V. aussi le concordat du 18 germinal an 10, art. 55), et de défendre, puis me dispenser, à raison de son importance, de reproduire en son entier.

LOI DU 20 SEPTEMBRE 1792.

TITRE 1er. — Des officiers publics par qui seront tenus les registres des naissances, mariages et décès.

Art. 1er. Les municipalités recevront et conserveront à l'avenir les actes destinés à constater les naissances, mariages et décès.

2. Les conseils généraux des communes nommeront parmi leurs membres, suivant l'étendue et la population des lieux, une ou plusieurs personnes qui seront chargées de ces fonctions.

3. Les nominations seront faites par la voie du scrutin, et à la pluralité absolue des suffrages; elles seront publiées et affichées.

4. En cas d'absence ou empêchement légitime de l'officier public chargé de recevoir les actes de naissance, mariage et décès, il sera remplacé par le maire, ou par un officier municipal, ou par un

sous les mêmes peines, aux officiers de l'état civil, de mentionner dans leurs actes l'accomplissement des cérémonies religieuses ou d'en exiger la preuve.

autre membre du conseil général, à l'ordre de la liste.

TITRE II. — De la tenue et dépôt des registres.

Art. 1er. Il y aura, dans chaque municipalité, trois registres pour constater, l'un les naissances, l'autre les mariages, le troisième les décès.

2. Les trois registres seront doubles, sur papier timbré, fournis aux frais de chaque district, et envoyés aux municipalités par les directoires, dans les quinze premiers jours du mois de décembre de chaque année ; ils seront cotés par premier et dernier, et paraphés sur chaque feuillet, le tout sans frais, par le président de l'administration du district, ou, à son défaut, par un des membres du directoire, suivant l'ordre de la liste.

3. Les actes de naissance, mariage et décès, seront écrits sur les registres doubles, de suite et sans aucun blanc. Les renvois et ratures seront approuvés et signés de la même manière que le corps de l'acte : rien n'y sera écrit par abréviation, ni aucune date mise en chiffres.

4. Toute contravention aux dispositions de l'article précédent sera punie de dix livres d'amende

pour la première fois, de vingt livres d'amende en cas de récidive, et même des peines portées par le Code pénal en cas d'altération ou de faux.

5. Il est expressément défendu d'écrire et de signer, en aucun cas, les actes sur feuilles volantes, à peine de cent livres d'amende, de destitution, et de privation, pendant dix ans, de la qualité et des droits de citoyen actif.

6. Les actes contenus dans ces registres, et les extraits qui en seront délivrés, feront foi et preuve en justice, des naissances, mariages et décès.

7. Les actes qui seront inscrits dans les registres ne seront point sujets au droit d'enregistrement.

8. Dans les quinze premiers jours du mois de janvier de chaque année, il sera fait, à la fin de chaque registre, une table par ordre alphabétique des actes qui y seront contenus.

9. Dans le mois suivant, les municipalités seront tenues d'envoyer au directoire de leur district l'un des registres doubles.

10. Les directoires de district vérifieront si les actes ont été dressés et les registres tenus dans les formes prescrites.

11. Dans les quinze premiers jours du mois de mars, les procureurs-syndics seront tenus d'envoyer ces registres aux directoires de département, avec les observations des directoires de district.

12. Ces registres seront déposés et conservés aux archives des directoires de département.

13. Les autres registres doubles seront déposés et conservés aux archives des municipalités.

14. Les procureurs-généraux-syndics des départements seront chargés des dénonciations et poursuites, en cas de contravention au présent décret.

15. Tous les dix ans, les tables annuelles faites à la fin de chaque registre seront refondues dans une seule ; néanmoins, pour déterminer une époque fixe et uniforme, la première de ces tables générales sera faite en 1800.

16. Cette table décennale sera mise sur un registre séparé, tenu double, timbré, coté et paraphé.

17. L'un des doubles de ces registres sera envoyé, dans les quinze premiers jours du mois de mai de la onzième année, aux directoires de dis-

trict, et transmis dans le mois suivant par le procureur-syndic au directoire du département, pour être placé dans le même dépôt.

18. Toutes personnes sont autorisées à se faire délivrer des extraits des actes de naissance, mariage et décès, soit sur les registres conservés aux archives des municipalités, soit sur ceux déposés aux archives des départements. Les extraits devront être sur papier timbré ; ils ne seront pas sujets au droit d'enregistrement.

19. Il ne sera payé que six sous pour chaque extrait des actes de naissance, décès et publication de mariage, et douze sous pour chaque extrait des actes de mariage, non compris le timbre.

20. Les extraits demandés sur les registres courants, seront délivrés par celui qui sera chargé de les tenir. Après le dépôt, les extraits seront expédiés par les secrétaires-greffiers des municipalités ou des départements.

21. Les registres courants seront tenus par celui qui sera chargé de recevoir les actes : il en répondra.

22. Dans les villes dont l'étendue et la popula-

tion exigent qu'il y ait plus d'un officier public chargé de constater les naissances, mariages et décès, il sera fourni trois registres doubles à chacun d'eux ; ils seront tenus de se conformer aux règles ci-dessus prescrites.

TITRE III. — Naissances.

Art. 1er. Les actes de naissance seront dressés dans les vingt-quatre heures de la déclaration qui sera faite par les personnes ci-après désignées, assistées de deux témoins de l'un ou de l'autre sexe, parents ou non parents, âgés de vingt-un ans.

2. En quelque lieu que la femme mariée accouche, si son mari est présent et en état d'agir, il sera tenu de faire la déclaration.

3. Lorsque le mari sera absent ou ne pourra agir, ou que la mère ne sera pas mariée, le chirurgien ou la sage-femme qui auront fait l'accouchement seront obligés de déclarer la naissance.

4. Quand une femme accouchera, soit dans une maison publique, soit dans la maison d'autrui, la personne qui commandera dans cette maison ou

qui en aura la direction, sera tenue de déclarer la naissance.

5. En cas de contravention aux précédents articles, la peine contre les personnes chargées de faire la déclaration sera de deux mois de prison; cette peine sera poursuivie par le procureur de la commune devant le tribunal de police correctionnelle, sauf les poursuites criminelles en cas de suppression, enlèvement ou défaut de représentation de l'enfant.

6. L'enfant sera porté à la maison commune, ou autre lieu public servant aux séances de la commune; il sera présenté à l'officier public. En cas de péril imminent, l'officier public sera tenu, sur la réquisition qui lui en sera faite, de se transporter dans la maison où sera le nouveau-né.

7. La déclaration contiendra le jour, l'heure et le lieu de la naissance, la désignation du sexe de l'enfant, le prénom qui lui sera donné, les prénoms et noms de ses père et mère, leur profession, leur domicile, les prénoms, noms, profession et domicile des témoins.

8. Il sera de suite dressé acte de cette déclara-

tion sur le registre double à ce destiné; cet acte sera signé par le père ou autres personnes qui auront fait la déclaration, par les témoins et par l'officier public ; si aucun des déclarants et témoins ne peut ou ne sait signer, il en sera fait mention.

9. En cas d'exposition d'enfant, le juge de paix ou l'officier de police qui en aura été instruit, sera tenu de se rendre sur le lieu de l'exposition, de dresser procès-verbal de l'état de l'enfant, de son âge apparent, des marques extérieures, vêtements et autres indices qui peuvent éclairer sur sa naissance ; il recevra aussi les déclarations de ceux qui auraient quelques connaissances relatives à l'exposition de l'enfant.

10. Le juge de paix ou l'officier de police sera tenu de remettre, dans les vingt-quatre heures, à l'officier public, une expédition de ce procès-verbal, qui sera transcrit sur le registre double des actes de naissance.

11. L'officier public donnera un nom à l'enfant, et il sera pourvu à sa nourriture et à son entretien, suivant les lois qui seront portées à cet effet.

12. Il est défendu aux officiers publics d'insérer

par leur propre fait, dans la rédaction des actes, et sur les registres, aucune clause, note, ou énonciation autres que celles contenues aux déclarations qui leur seront faites, à peine de destitution, qui sera prononcée par voie d'administration, par les directoires de département, sur la dénonciation soit des parties, soit des procureurs des communes ou procureurs-syndics, et sur la réquisition des procureurs-généraux-syndics.

13. Si, antérieurement à la publication de la présente loi, quelques personnes avaient négligé de faire constater la naissance de leurs enfants dans les formes usitées, elles seront tenues, dans la huitaine qui suivra ladite publication, d'en faire la déclaration, conformément aux dispositions ci-dessus.

TITRE IV. — Mariages.

Section 1re. — Qualités et conditions requises pour pouvoir contracter mariage.

Art. 1er. L'âge requis pour le mariage est quinze ans révolus pour les hommes, et treize ans révolus pour les filles.

2. Toute personne sera majeure à vingt-un ans accomplis.

3. Les mineurs ne pourront être mariés sans le consentement de leur père ou mère, ou parents, ou voisins, ainsi qu'il va être dit.

4. Le consentement du père sera suffisant.

5. Si le père est mort ou interdit, le consentement de la mère suffira également.

6. Dans le cas où la mère serait décédée ou en interdiction, le consentement des cinq plus proches parents paternels ou maternels sera nécessaire.

7. Lorsque les mineurs n'auront point de parents, ou n'en auront pas au nombre de cinq dans le district, on y suppléera par des voisins pris dans le lieu où les mineurs seront domiciliés.

8. Les parents et les voisins assemblés dans la maison commune du lieu du domicile du mineur, délibèreront à cet égard, devant le maire ou autre officier municipal à l'ordre de la liste, en présence du procureur de la commune.

9. Le consentement sera donné ou refusé, d'après la majorité des suffrages.

10. Toute personne engagée dans les liens du mariage ne peut en contracter un second, que le premier n'ait été dissous conformément aux lois.

11. Le mariage est prohibé entre les parents naturels et légitimes en ligne directe, entre les alliés dans cette ligne, et entre le frère et la sœur.

12. Ceux qui sont incapables de consentement, ne peuvent se marier.

13. Les mariages faits contre la disposition des articles précédents, seront nuls et de nul effet.

SECTION II. — **Publications.**

Art. 1er. Les personnes majeures qui voudront se marier, seront tenues de faire publier leurs promesses réciproques dans le lieu du domicile actuel de chacune des parties. Les promesses des personnes mineures seront publiées dans celui de leurs pères et mères ; et si ceux-ci sont morts ou interdits, dans celui où sera tenue l'assemblée de famille requise pour le mariage des mineurs.

2. Le domicile, relativement au mariage, est fixé par une habitation de six mois dans le même lieu.

3. Le mariage sera précédé d'une publication faite le dimanche, à l'heure de midi, devant la

porte extérieure et principale de la maison commune, par l'officier public : le mariage ne pourra être contracté que huit jours après cette publication.

4. Il sera dressé acte de cette publication sur un registre particulier à ce destiné ; ce registre ne sera pas tenu double, et sera déposé, lorsqu'il sera fini, aux archives de la municipalité.

5. L'acte de publication contiendra les prénoms, noms, profession et domicile des futurs époux, ceux de leurs pères et mères, et les jour et heure de la publication ; il sera signé par l'officier public.

6. Un extrait de l'acte de publication sera affiché à la porte de la maison commune, dans un tableau à ce destiné.

7. Dans les villes dont la population excède dix mille âmes, un pareil tableau sera en outre placé sur la principale porte du chef-lieu des sections sur lesquelles les futurs époux habiteront.

SECTION III. — Oppositions.

Art. 1er. Les personnes dont le consentement est requis pour les mariages des mineurs, pourront seules s'y opposer.

2. Seront également reçues à former opposition aux mariages, soit des majeurs, soit des mineurs, les personnes déjà engagées par mariage avec l'une des parties.

3. Dans le cas de démence des majeurs, lorsqu'il n'y aura point encore d'interdiction prononcée, l'opposition de deux parents sera admise.

4. L'acte d'opposition en contiendra les motifs, et sera signé par la partie opposante, ou par son fondé de procuration spéciale, sur l'original et sur la copie. Il sera donné copie des procurations en tête de celle de l'opposition.

5. L'acte d'opposition sera signifié au domicile des parties, et à l'officier public, qui mettra son *visa* sur l'original.

6. Il sera fait une mention sommaire des oppositions par l'officier public, sur les registres des publications.

7. La validité de l'opposition sera jugée en première instance par le juge de paix du domicile de celui contre lequel l'opposition aura été formée ; il y sera statué dans trois jours. L'appel sera porté au tribunal du district, sans que les parties soient

obligées de se présenter au bureau de conciliation : le tribunal prononcera sommairement et dans la huitaine. Les délais, soit par-devant le juge de paix, soit par-devant le tribunal d'appel, ne pourront être proroges.

8. Une expédition des jugements de main-levée sera remise à l'officier public, qui en fera mention en marge de celle des oppositions sur le registre des publications.

9. Toutes oppositions formées hors les cas, les formes, et par toutes personnes autres que celles ci-dessus désignées, seront regardées comme non avenues, et l'officier public pourra passer outre à l'acte de mariage ; mais dans les cas et les formes ci-dessus spécifiés, il ne pourra passer outre au préjudice des oppositions, à peine de destitution, de trois cents livres d'amende, et de tous dommages et intérêts.

SECTION IV. — Des formes intrinsèques de l'acte de mariage.

Art. 1er. L'acte de mariage sera reçu dans la maison commune du lieu du domicile de l'une des parties.

2. Le jour où les parties voudront contracter leur

mariage, sera par elles désigné, et l'heure indiquée par l'officier public chargé d'en recevoir la déclaration.

3. Les parties se rendront dans la salle publique de la maison commune, avec quatre témoins majeurs, parents ou non parents, sachant signer, s'il peut s'en trouver aisément dans le lieu qui sachent signer.

4. Il sera fait lecture en leur présence, par l'officier public, des pièces relatives à l'état des parties et aux formalités du mariage, telles que les actes de naissance, les consentements des pères et mères, l'avis de la famille, les publications, oppositions et jugements de main-levée.

5. Après cette lecture, le mariage sera contracté par la déclaration que fera chacune des parties à haute voix, en ces termes : — *Je déclare prendre (le nom) en mariage.*

6. Aussitôt après cette déclaration faite par les parties, l'officier public, en leur présence et en celle des mêmes témoins, prononcera au nom de la loi qu'elles sont unies en mariage.

7. L'acte de mariage sera de suite dressé par

l'officier public; il contiendra, 1° les prénoms, noms, âge, lieu de naissance, profession et domicile des époux ; 2° les prénoms, noms, profession et domicile des pères et mères ; 3° les prénoms noms, âge, profession, domicile des témoins, et leur déclaration s'ils sont parents ou alliés des parties; 4° la mention des publications dans les divers domiciles des oppositions qui auraient été faites, et des jugements de main-levée ; 5° la mention du consentement des pères et mères, ou de la famille, dans le cas où il y a lieu ; 6° la mention des déclarations des parties, et de la prononciation de l'officier public.

8. Cet acte sera signé par les parties, par leurs pères, mères et parents présents, par les quatre témoins, et par l'officier public; en cas qu'aucun d'eux ne sût ou ne pût signer, il en sera fait mention.

9. Si, antérieurement à la publication de la présente loi, quelques personnes s'étaient mariées devant des officiers civils, elles seront tenues de venir, dans la huitaine, déclarer leur mariage devant l'officier public de la municipalité de leur

domicile, lequel en dressera acte sur les registres, aux formes ci-dessus prescrites.

Section v. — Du divorce, dans ses rapports avec les fonctions de l'officier public chargé de constater l'état civil des citoyens.

Art. 1er. Aux termes de la constitution, le mariage est dissoluble par le divorce.

2. La dissolution du mariage par le divorce sera prononcée par l'officier public chargé de recevoir les actes de naissance, mariage et décès, dans la forme qui suit.

3. Lorsque deux époux demanderont conjointement le divorce, ils se présenteront, accompagnés de quatre témoins majeurs, devant l'officier public, en la maison commune, aux jour et heure qu'il aura indiqués : ils justifieront qu'ils ont observé les délais exigés par la loi sur le mode du divorce; ils représenteront l'acte de non-conciliation qui aura dû leur être délivré par leurs parents assemblés ; et, sur leur réquisition, l'officier public prononcera que leur mariage est dissous.

4. Il sera dressé acte du tout sur le registre des mariages : cet acte sera signé des parties, des té-

moins et de l'officier public, où il sera fait mention de ceux qui n'auront pu ou su signer.

5. Si le divorce est demandé par l'un des conjoints seulement, il sera tenu de faire signifier à son conjoint un acte aux fins de le voir prononcer : cet acte contiendra réquisition de se trouver en la maison commune de la municipalité dans l'étendue de laquelle le mari a son domicile, et devant l'officier public chargé des actes de naissance, mariage et décès, dans le délai qui aura été fixé par cet officier. Ce délai ne pourra être moindre de trois jours, et, en outre, d'un jour par dix lieues, en cas d'absence du conjoint appelé.

6. A l'expiration du délai, le conjoint demandeur se présentera, accompagné de quatre témoins majeurs, devant l'officier public ; il représentera les différents actes ou jugements qui doivent justifier qu'il a observé les formalités et les délais exigés par la loi sur le mode du divorce, et qu'il est fondé à le demander. Il représentera aussi l'acte de réquisition qu'il aura dû faire signifier à son conjoint, aux termes de l'article précédent ; et, sur sa réquisition, l'officier public prononcera, en

présence ou en absence du conjoint dûment appelé, que le mariage est dissous.

7. Il sera dressé acte du tout sur le registre des mariages, en la forme réglée par l'article 4 ci-dessus.

8. S'il s'élève des contestations de la part du conjoint contre lequel le divorce sera demandé, sur aucun des actes ou jugements représentés par le conjoint demandeur, l'officier public n'en pourra prendre connaissance ; il renverra les parties à se pourvoir.

9. L'officier public qui aura prononcé le divorce et en aura fait dresser acte sur les registres des mariages, sans qu'il lui ait été justifié des délais, des actes et des jugements exigés par la loi sur le divorce, sera destitué de son état, condamné à cent livres d'amende et aux dommages-intérêts des parties.

TITRE V. — Décès.

Art. 1er. La déclaration du décès sera faite par les deux plus proches parents ou voisins de la personne décédée, à l'officier public, dans les vingt-quatre heures.

2. L'officier public se transportera au lieu où la personne sera décédée ; et, après s'être assuré du décès, il en dressera l'acte sur les registres doubles. Cet acte contiendra les prénoms, nom, âge, profession et domicile du décédé ; s'il était marié ou veuf ; dans ces deux cas, les prénoms et nom de l'époux ; les prénoms, noms, âge, profession et domicile des déclarants ; et au cas qu'ils soient parents, leur degré de parenté.

3. Le même acte contiendra de plus, autant qu'on pourra le savoir, les prénoms, noms, âge, profession et domicile des père et mère du décédé, et le lieu de sa naissance.

4. Cet acte sera signé par les déclarants et l'officier public ; mention sera faite de ceux qui ne sauraient ou ne pourraient signer.

5. En cas de décès dans les hôpitaux, maisons publiques ou dans des maisons d'autrui, les supérieurs, directeurs, administrateurs et maîtres de ces maisons, seront tenus d'en donner avis, dans les vingt-quatre heures, à l'officier public, qui dressera l'acte de décès sur les déclarations qui lui auront été faites, et sur les renseignements qu'il

aura pu prendre concernant les prénoms, nom, âge, lieu de naissance, profession et domicile du décédé.

6. Si, dans le cas du précédent article, l'officier public a pu connaître le domicile de la personne décédée, il sera tenu d'envoyer un extrait de l'acte du décès à l'officier public du lieu de ce domicile, qui le transcrira sur ses registres.

7. Les corps de ceux qui auront été trouvés morts avec des signes ou indices de mort violente, ou autres circonstances qui donnent lieu de le soupçonner, ne pourront être inhumés qu'après que l'officier de police aura dressé procès-verbal, aux termes de l'article 2 du titre III de la loi sur la police de sûreté.

8. L'officier de police, après avoir dressé le procès-verbal de l'état du cadavre et des circonstances y relatives, sera tenu d'en donner sur-le-champ avis à l'officier public, et de lui en remettre un extrait contenant des renseignements sur les prénoms, nom, âge, lieu de naissance, profession et domicile du décédé.

9. L'officier public dressera l'acte de décès, sur

les renseignements qui lui auront été donnés par l'officier de police.

TITRE VI. — *Dispositions générales.*

Art. 1er. Dans la huitaine à compter de la publication du présent décret, le maire ou un officier municipal, suivant l'ordre de la liste, sera tenu, sur la réquisition du procureur de la commune, de se transporter, avec le secrétaire-greffier, aux églises paroissiales, presbytères, et aux dépôts des registres de tous les cultes ; ils y dresseront un inventaire de tous les registres existant entre les mains des curés et autres dépositaires. Les registres courants seront clos et arrêtés par le maire ou officier municipal.

2. Tous les registres, tant anciens que nouveaux, seront portés et déposés dans la maison commune.

3. Les actes de naissance, mariage et décès continueront d'être inscrits sur les registres courants, jusqu'au 1er janvier 1793.

4. Dans deux mois à compter de la publication du présent décret, il sera dressé un inventaire de tous les registres de baptêmes, mariages et sépultures existant dans les greffes des tribunaux. Dans

le mois suivant, les registres et une expédition de l'inventaire, délivrée sur papier libre et sans frais, seront, à la diligence des procureurs-généraux-syndics, transportés et déposés aux archives des départements.

5. Aussitôt que les registres courants auront été clos, arrêtés et portés à la maison commune, les municipalités seules recevront les actes de naissance, mariage et décès, et conserveront les registres. Défenses sont faites à toutes personnes de s'immiscer dans la tenue de ces registres, et dans la réception de ces actes.

6. Les corps administratifs sont spécialement chargés par la loi de surveiller les municipalités dans l'exercice des nouvelles fonctions qui leur sont attribuées.

7. Toutes les lois contraires aux dispositions de celle-ci sont et demeurent abrogées.

8. L'assemblée nationale, après avoir déterminé le mode de constater désormais l'état civil des citoyens, déclare qu'elle n'entend ni innover ni nuire à la liberté qu'ils ont tous de consacrer les naissances, mariages et décès par les cérémonies

du culte auquel ils sont attachés, et par l'intervention des ministres de ce culte.

Deux omissions graves, qui s'étaient glissées dans la loi du 20 septembre 1792, furent presque immédiatement réparées par l'article 1er de la loi du 19 décembre de la même année.

Les actes de naissance devaient être rédigés, immédiatement après la déclaration (tit. 3, art. 8, loi du 20 septembre 1792,) ou tout au moins dans les vingt-quatre heures (tit. 3, art. 1er, ibid.). Mais aucun temps n'était fixé pour cette déclaration, de sorte qu'on pouvait la faire six mois, un an et plus après l'accouchement de la mère. La loi du 19 décembre 1792 exigea que la déclaration fût faite dans les trois jours de la naissance, à peine de deux mois d'emprisonnement pour la première contravention, et de six mois de la même peine en cas de récidive.

La même loi du 20 septembre exigeait que les déclarations de décès fussent faites dans les vingt-quatre heures, sans ajouter à cette disposition impérative de sanction pénale. La loi du 19 décembre étendit le délai à trois jours comme pour les naissances, prescrivit de faire la déclaration avant l'inhumation, et établit la même sanction que pour le défaut de déclaration des naissances. Le Code civil, conçu dans les mêmes idées que la loi du 20 septembre 1792, en reproduit à peu près les termes, en y introduisant cependant des modifications que je signalerai, et des dispositions nouvelles et complémentaires.

J'indiquerai aussi, en temps et lieu, les différentes lois et ordonnances, les décrets et avis du conseil d'état, rendus sur la matière, soit avant, soit depuis la promulgation du Code civil.

CHAPITRE I.

De l'Etat civil et des Fonctionnaires chargés de le constater.

Les droits que nous garantit la loi civile varient suivant la position des individus. La naissance qui crée ces droits, le décès qui les anéantit ou les transmet à d'autres, sont des évènements d'une telle importance qu'on a dû les consigner par écrit, pour en avoir entre mains une preuve assurée. Il est indispensable de savoir à quelle famille une personne se rattache par sa filiation, à quelle autre elle s'est alliée par un mariage.

Ce sont ces trois faits, naissances, mariages et décès, qu'à raison de leur importance on a considéré comme constituant l'état civil des particuliers.

Les procès-verbaux destinés à constater ces faits, ont reçu le nom d'actes de l'état civil ; — et l'on donne aux fonctionnaires chargés de leur rédaction le nom d'officiers de l'état civil.

J'ait dit dans mes Préliminaires quelles personnes furent, avant la révolution de 1789, chargées de cette mission.

La loi du 20 septembre 1792 investit de ces fonctions un ou plusieurs membres du conseil général de la commune, désignés par le conseil luimême.

En cas d'absence ou d'empêchement le membre désigné est remplacé par le maire, ou par un officier municipal, ou bien par un autre membre du conseil, dans l'ordre de la liste.

Sous l'empire de la constitution du 5 fructidor

an 3 (art. 178 et ss.) Les communes de cent mille habitants ont trois municipalités au moins, celles de cinq mille à cent mille habitants ont une seule municipalité; au-dessous de cinq mille habitants, il n'y a dans les communes qu'un agent municipal et un adjoint.

Dans ces dernières l'agent municipal ou son adjoint fait les fonctions d'officier de l'état civil. Dans les autres communes ces fonctions sont remplies par un membre que chaque municipalité choisit dans son sein (1) (loi du 19 vend. an 4, tit. II, art. 12).

La loi du 28 pluviôse an 8, établissant dans chaque commune un maire et un ou plusieurs adjoints,

(1) En l'an 6 ces règles furent modifiées en un point, les agents municipaux ne purent plus, dans les communes de moins de cinq mille habitants, recevoir les actes de mariage, les mariages se célébrèrent le décadi au chef-lieu de canton.

Le président de l'administration municipale du canton, (V. art. 181 Const. du 5 fruct. an 3), ou son remplaçant, dut présider à cette célébration, en qualité d'officier de l'état civil (loi du 13 fructidor an 6, art. 4). Cela dura jusqu'au 1er vendem. an 9 (loi du 19 flor. an 8, art. 9).

leur confia la rédaction des actes de l'état civil (art. 13 d. loi). Ce sont eux qui en sont encore chargés aujourd'hui.

Le maire peut déléguer à un de ses adjoints la rédaction des actes et la tenue des registres de l'état civil (décr. du 4 juin 1806, art. 5). Il doit alors être fait mention dans chaque acte de la délégation faite par le maire. C'est cette délégation qui donne à l'adjoint le droit de le recevoir quand le maire est sur les lieux (1). (Circ. du minist. de l'int. du 30 juillet 1807, et lettre du garde des sceaux à l'un des maires de Paris, en date du 31 décembre 1821).

Il est fait exception à cette règle, pour Paris

(1) Je ne partage pas l'opinion de M. Descloseaux, Encyclopédie du 19e siècle, v° actes de l'état civil, n° 13, et Demolombe, Cours de Code civil, tome 1, n° 279, qui prétendent qu'il n'y a pas besoin de délégation du maire parce que l'adjoint à une capacité entière, égale à celle du maire, et que le décret de 1806 ne s'applique qu'aux fonctions administratives. Cette opinion, bien qu'admise par un arrêt de la cour d'Angers, du 25 mai 1822, S. 23, 2, 105, me semble insoutenable, et l'opinion que j'adopte est celle de MM. Huteau d'Origny, De l'état civil en France et des

seulement, à raison du grand nombre d'actes qu'on y reçoit, et de la célérité que requiert leur rédaction. (Avis du cons. d'Etat du 8 mars 1808 non inséré au Bulletin des lois).

L'adjoint peut aussi faire les actes sans délégation, 1° en cas d'absence du maire, 2° en cas d'empêchement du maire présent (art. 5, l. du 21 mars 1831); et ici encore, par analogie de ce que je viens de dire pour le cas de délégation, il doit être fait mention de l'absence ou de l'empêchement avec sa cause.

S'il y a plusieurs adjoints; c'est le 1er adjoint qui le remplace; s'il n'est pas disponible, c'est le second et ainsi de suite (même art. 5).

Si l'adjoint, ou tous les adjoints, se trouvent empêchés, un conseiller municipal, le premier disponible dans l'ordre de la liste de nomination, (dressée suivant le nombre des suffrages obtenus), les remplace.

améliorations dont il est susceptible, p. 11, et Rieff, Commentaire sur la loi des actes de l'état civil, p. 138, elle est en outre conforme aux instructions ministérielles.

« Lorsque la mer ou quelque autre obstacle rend » difficiles, dangereuses, ou momentanément im- » possibles les communications entre le chef-lieu » et une portion de commune ; un adjoint spécial, » pris parmi les habitants de cette fraction, est » nommé, en sus du nombre ordinaire, et remplit » les fonctions d'officier de l'état civil dans cette » partie détachée de la commune. » (L. du 21 mars 1831, — art. 2, 2e alinéa).

Dans les colonies et possessions françaises, les hommes libres avaient seuls un état civil. Les esclaves n'ayant aucun droit, étant la propriété de leurs maîtres, il était inutile de constater avec soin leurs naissances, unions et décès. Le décret du 27 avril 1848, en abolissant l'esclavage, a mis sur la même ligne tous les habitants des colonies.

Depuis la promulgation, dans nos principales colonies, du titre 2 du livre 1er du Code civil, les fonctions d'officier de l'état civil ont été successivement confiées à des agents différents; elles sont actuellement remplies :

Aux Antilles,

A la Réunion,

A la Guyane française,

Au Sénégal et dans l'Inde,

par des maires ou par des commandants de quartier que les gouverneurs désignent, à cet effet, pour les communes où il n'y a pas de maires.

Cet état de choses résulte,

Pour la Martinique, d'un décret colonial du 12 juin 1837;

Pour la Guadeloupe, de décrets coloniaux des 20 septembre 1837 et 16 décembre 1843;

Pour la Réunion, d'une ordonnance locale du 12 juin 1815;

Pour la Guyane, d'un décret colonial du 30 juin 1835;

Pour le Sénégal, d'arrêtés locaux des 27 décembre 1842 et 1er décembre 1848;

Pour l'Inde, d'un arrêté local du 21 avril 1825;

A St-Pierre et Miquelon, à Mayotte et dépendances et dans l'Océanie, des officiers d'administration remplissent, en vertu d'actes locaux, les fonctions d'officiers de l'état civil.

En Algérie les territoires militaires sont assimilés aux pays étrangers occupés par une armée française. Les intendants militaires, les officiers payeurs et officiers d'administration attachés aux hôpitaux et ambulances, sont les seuls officiers de l'état civil qu'on y trouve.

Hors des villes et dans les tribus, même parmi celles qui habitent les territoires civils, il n'y a point d'actes de l'état civil pour les musulmans.

Dans les villes et villages qui peuplent les territoires civils, les maires ou les commissaires civils qui en remplissent les fonctions, sont comme en France, officiers de l'état civil (1).

Il y a à Alger un fonctionnaire spécial qui reçoit les actes de l'état civil des musulmans. Les maria-

(1) Pour les Européens il en a toujours été ainsi du moins dès que l'état de la conquête a été organisé. Quant aux indigènes, il y a des différences notables entre les Israélites et les Musulmans. Depuis 1836 les Israélites ont été soumis, pour leur état civil, à la loi française. Jusqu'en 1842 cependant, un grand nombre de mariages n'étaient célébrés que devant le Rabbin ; mais depuis cette époque les Israélites ont été soumis entièrement pour leurs mariages, comme pour les autres actes, à la loi française.

C'est beaucoup plus récemment que les Musulmans ont été soumis aux prescriptions de cette même loi. De 1845

ges de ces derniers sont célébrés devant le cadi et nulle part en Algérie on ne dresse, pour eux, d'acte selon la loi française.

En cas d'invasion d'une épidémie en France, les autorités sanitaires sont chargées de constater l'état civil (art. 19 de la loi du 3 mars 1822). La rédaction des actes est confiée au président semainier de l'intendance ou de la commission, assisté du secrétaire (art. 77, ord. du 7 août 1822).

Sur les vaisseaux en mer, les actes sont reçus par l'officier d'administration de la marine, quand ce sont des bâtiments de l'état, et par le capitaine, maître ou patron, quand les bâtiments appartiennent à un armateur ou négociant (art. 59 et 86 C. civ.)

L'état civil des militaires et des employés atta-

à 1848 les Musulmans faisaient à la mairie les déclarations de décès et de naissance. En ce qui concerne les naissances, elles étaient faites avec peu de régularité et l'on ne déclarait que le nom du père, jamais celui de la mère. Depuis 1848 il a été institué à Alger un fonctionnaire spécial pour les actes des Musulmans. Dans les autres villes c'est aux maires ou commissaires civils qu'ils font les déclarations de naissance et de décès.

chés à une armée en campagne est constaté, hors du territoire de France, ou bien sur ce territoire en cas d'invasion et de révolte (inst. min. de la guerre du 24 brum. an 12), par les officiers payeurs ou trésoriers, les capitaines-commandants, ainsi que par les intendants et sous-intendants militaires (1).

Enfin l'état civil des français à l'étranger, peut être constaté par les agents diplomatiques et les consuls (2) de leur nation (art. 48 du Code civil).

(1) Le Code civil (art. 89) parle des quartiers-maîtres et inspecteurs aux revues. Il n'en existe plus actuellement dans nos armées. Une instruction ministérielle du 24 brumaire an XII, veut qu'en cas de changement apporté à la nature des fonctions des quartiers-maîtres, la tenue des registres de l'état civil soit confiée aux officiers chargés de la tenue et du dépôt des registres matricules et des contrôles nominatifs.

Une ordonnance du 29 juillet 1817 a supprim les inspecteurs aux revues, et les a remplacés par des intendants et sous-intendants militaires.

(2) Les vice-consuls et agents consulaires n'ont de pouvoir qu'autant qu'il leur est conféré par un arrêté spécial du chef de l'État (ordonnance du 26 septembre 1833, article 8).

CHAPITRE II.

Compétence et caractère des officiers de l'état civil, surveillance à laquelle ils sont soumis.

Le maire n'a d'autorité que sur le territoire de sa commune ; hors des limites de ce territoire il n'est plus qu'un simple particulier, et l'acte qu'il ferait comme fonctionnaire serait sans valeur.

Mais, dans les limites de ce territoire, il a compétence entière pour constater les naissances et décès, encore que la personne accouchée ou décédée eût un domicile dans une autre localité, qu'elle fût même étrangère et ne se trouvât qu'en passage dans cet endroit.

Il peut également célébrer le mariage d'étrangers et de personnes ayant leur domicile hors de sa commune, pourvu que ces personnes, ou l'une d'elles, aient résidé six mois sans interruption dans cette commune (art. 74 C. civ.).

Dans les pays qu'une épidémie a fait assujétir au régime sanitaire, l'autorité passe, en grande partie, entre les mains d'intendances et de commissions, dont le nombre et le ressort sont fixés par le chef de l'Etat (art. 1er, l. du 3 mars 1822). Le président semainier de ces intendances et commissions n'a d'autorité que dans ces limites. Il ne peut recevoir que les actes de naissances et de décès, dans les lazarets et autres lieux réservés de sa circonscription (art. 19, l. du 3 mars 1822).

Il ne pourrait procéder à la célébration d'un mariage.

Pendant un voyage en mer, les officiers d'administration de la marine, capitaines, maîtres, patrons, ne peuvent non plus dresser un acte de mariage. C'est un acte qui n'a pas une grande urgence, qui n'aurait pas sur un navire assez de publicité, on peut attendre qu'on ait abordé dans un port. Les naissances et les décès sont des évènements fortuits qu'il fallait de toute nécessité constater. Les personnes chargées de ce soin sont compétentes toutes les fois qu'il s'agit d'un passager ou de quelqu'un de l'équipage. Leur compétence cesse aussitôt qu'on a abordé dans un port français ou étranger, dans lequel résident des autorités ayant qualité pour recevoir les actes de l'état civil.

A l'armée, dans chaque corps d'un ou de plusieurs bataillons ou escadrons, les fonctions d'officier de l'état civil sont remplies par l'officier, quel que soit son grade, chargé de l'emploi de trésorier ou d'officier payeur. Elles le sont dans les autres corps de moins d'un bataillon ou de moins d'un escadron, par le capitaine commandant.

L'intendant militaire est officier de l'état civil pour les officiers sans troupes et pour les employés attachés à l'armée.

Et l'on considère comme employés, non seulement ceux qui, faisant partie d'un service administratif, sont munis d'une commission du ministre ou de l'entrepreneur du service; mais encore ceux qui, comme les domestiques, cantiniers, etc., sont simplement autorisés par les chefs à suivre les différents corps de l'armée.

Les consuls, dans l'étendue de leur consulat, les agents diplomatiques, sur le territoire de la puissance près de laquelle ils sont accrédités, sont officiers de l'état civil pour les Français seulement (art. 48, C. civ.). Ils ne pourraient recevoir des actes de l'état civil concernant des étrangers, ou intéressant à la fois des Français et des étrangers. Ainsi le mariage d'un Français avec une étrangère, ou d'un étranger avec une Française, ne serait pas valablement célébré par eux. (V. un arrêt de la cour de cassation du 10 août 1819, S. 19—1—492, l'ord. du 23 oct. 1833, art. 15, et la circulaire du ministre des aff. étrangères du 4 novembre 1833). Le doute qui s'était élevé sur la question de savoir s'ils pouvaient recevoir les actes de mariage même entre Français, et si l'art. 170 du Code civil ne dérogeait pas à l'art. 48 du même code, me semble aujourd'hui levé par l'ordonnance précitée du 23 octobre 1833 (v. les art. 14 et 15 de lad. ord.).

Les Français peuvent aussi, à l'étranger, s'adresser aux autorités locales (art. 47 C. civ.), en vertu de ce principe que pour la forme des actes on suit la loi du lieu où ces actes sont passés.

Mais le peuvent-ils lorsqu'ils sont attachés à une armée en campagne? Des auteurs ont répondu affirmativement à cette question. MM. Ducaurroy, Bonnier et Roustain, dans leurs observations sur l'art. 89 du Code civil (Commentaire théorique et pratique du Code civil, tome 1, p. 95) émettent cette opinion que « les art. 88 et suivants n'ont » rien d'exclusif et n'empêchent pas l'application » de l'art. 47. »

Mais ces auteurs oublient que l'art. 47 du Code civil est fait pour les Français qui se trouvent à l'étranger, et que le soldat à l'armée est réputé fictivement se trouver encore sur le sol de France (1). Or, en France, nul autre que l'officier de l'état civil français ne peut dresser les actes concernant des Français. Il doit donc en être de même pour le territoire occupé par une armée française.

Et comme on ne pourrait pas, quand on habite près de la frontière, la franchir pour aller déclarer, dans un pays limitrophe, une naissance ou un décès, on ne doit pas non plus, dans une armée en campagne, sortir des lignes d'occupation pour aller

(1) On voulait appliquer aux militaires, comme aux autres, l'art. 47 du Code civil. Bonaparte voulut pour eux une législation spéciale. « Le militaire, dit-il, n'est jamais » chez l'étranger quand il est sous le drapeau. *Où est le* » *drapeau, là est la France.* » (Séance du conseil d'etat du 14 fruct. an 9. Fenet, t. 8, p. 47).

faire une pareille déclaration devant les autorités des lieux demeurés libres.

Ces autorités seraient seulement compétentes s'il s'agissait de l'accouchement ou du décès d'une personne isolée. Se trouvant momentanément séparée de l'armée, on ne peut plus dire qu'elle est sous les drapeaux et lui appliquer la fiction dont nous avons parlé.

Il va sans dire aussi que les mêmes autorités seraient compétentes pour constater le décès d'un militaire prisonnier.

Mais, dans les pays complètement occupés par l'armée, ces autorités conservent toujours la plénitude de leurs pouvoirs vis-à-vis de leurs nationaux dont elles peuvent constater l'état. Elles peuvent recevoir, en ce qui les concerne, les déclarations de mariage, naissance et décès. Et de plus elles peuvent procéder au mariage d'un Français avec une étrangère ou d'un étranger avec une Française. Il suffit en effet, pour la validité du mariage, que l'officier de l'état civil soit compétent vis-à-vis de l'une des parties (art. 74 du Code civil). On peut très bien passer la frontière pour aller se marier à l'étranger (art. 170 C. civ.). On doit avoir la faculté de s'adresser également à un officier de l'état civil étranger. Dans l'un et l'autre cas il n'a aucun pouvoir vis-à-vis du Français considéré isolément : sa qualité de fonctionnaire n'existe que pour la personne de sa nation que le Français veut épouser, mais cela suffit (1).

Une question qui n'est pas sans importance pratique s'élève à propos de la compétence des officiers de l'état civil en général. C'est celle de savoir s'ils peuvent recevoir ou transcrire des actes qui les intéressent eux-mêmes ou qui concernent leurs parents ?

(1) C'est en conformité de ces principes que la cour de cassation a décidé, par un arrêt du 17 août 1815 (S. 15-1-297), que le décès d'un militaire français, survenu dans un hôpital militaire en Espagne (en 1812), n'avait pu être constaté par un prêtre espagnol, et qu'au contraire un militaire s'était valablement marié en Prusse (en 1807) avec une Prussienne, devant l'officier de l'état civil du pays (S. 27-1-108); pareille décision a été rendue au sujet du mariage par la cour de Paris, le 8 juillet 1820 (S. 20-2-307) et par celle de Colmar le 25 janvier 1823 (S. 24-2-156), — V. aussi dans le même sens Marcadé, Eléments du droit civil français, t. 1er, Commentaire de l'art. 88, n° 2 et ss.

La négative me semble incontestable pour les actes qui les concernent personnellement. On ne peut avoir deux qualités dans un acte, y figurer comme rédacteur quand on y est déjà partie intéressée, déclarant ou témoin. Ainsi l'officier de l'état civil ne pourrait pas faire lui-même les publications de son mariage, ni procéder à sa célébration et en dresser acte. Il ne pourrait pas davantage dresser un acte d'adoption où il paraîtrait comme adoptant ou adopté, ni reconnaître comme né de lui un enfant naturel. Il ne pourrait pas même transcrire sur les registres la reconnaissance qu'il aurait faite devant notaire ou devant un autre officier de l'état civil.

Le Code (art. 35 à 39 et art. 49) suppose l'existence de parties dont l'officier de l'état civil reproduit les déclarations. Aucune de ses dispositions ne permet à ce dernier de constater spontanément des faits qui sont à sa connaissance personnelle, et encore moins de se marier lui-même (v. art. 75, C. civ.). Alors qu'il s'agit simplement d'une transcription, elle ne peut s'opérer que sur une réquisition, soit des parties, soit d'une autorité ayant qualité à cet effet (v. art. 60, 61, 80, 82, 87, 95, 98 et 101, C. civ.).

Quant aux actes qui concernent les parents des officiers de l'état civil, il y a une distinction à faire entre ceux où il doit figurer à un autre titre que celui de rédacteur et ceux où sa présence n'est pas exigée.

Le père doit déclarer la naissance de ses enfants et consentir à leur mariage ; il ne peut donc pas rédiger leur acte de naissance ou de mariage. Il ne pourrait pas recevoir un acte d'adoption, dans le cas où son consentement est exigé, comme lorsqu'il est le mari de l'adoptante, ou le père de l'adopté (art. 344 et 346, C. civ.). C'est sur sa déclaration également que serait rédigé (art. 77, C. civ.) l'acte de décès de ses enfants, et il ne pourrait en être le rédacteur. Il en serait de même pour sa femme, ses père, mère et autres proches parents : c'est encore lui qui doit être à la fois le déclarant du décès et le témoin de l'acte qui en est dressé (même art. 77).

Mais s'il s'agit d'un petit-fils, rien n'empêche que l'aïeul, qui n'a pas assisté à l'accouchement, reçoive et inscrive la déclaration de sa naissance. Il peut également marier son petit-fils ou sa petite-fille, lorsque leurs père et mère ou l'un d'eux existent encore. Il peut marier les enfants naturels reconnus de ses propres enfants, alors même que ces derniers sont morts, car il n'a pas de consentement à donner au mariage de ces enfants qui ne se rattachent à lui par aucun lien de parenté civile.

Que si, au contraire, il s'agissait des enfants légitimes de ses enfants décédés, l'aïeul, qui doit (art. 150, C. civ.) consentir à leur mariage, ne pourrait en dresser acte.

Rien ne s'oppose enfin à ce que les officiers de l'état civil célèbrent le mariage, et constatent la naissance de leurs frères, sœurs et autres parents collatéraux. Pour soutenir le contraire, il n'y a pas à argumenter de l'art. 66 du Code de procédure, ni de l'art. 8 de la loi du 25 ventôse an 11. Les huissiers et les notaires, que ces dispositions concernent, dressent des actes qui touchent principalement aux intérêts matériels. Ces actes intéressent souvent des tiers et n'ont pas la même publicité que ceux de l'état civil. On conçoit que le législateur, redoutant leur partialité, leur ait défendu de dresser des actes qui pouvaient créer des droits au profit de leurs parents. Mais, en matière d'état civil, les influences de la parenté n'étaient point à craindre : c'est un intérêt moral plutôt que pécuniaire qui est en jeu ; c'est une affaire de famille dans laquelle on admet la déclaration et le témoignage des parents comme des étrangers (art. 37, 56 et 78, C. civ.). Il n'y a donc pas lieu d'étendre les dispositions prohibitives ci-dessus rappelées à un cas tout différent de celui pour lequel elles ont été faites (1). Cette extension, du reste, conduirait à l'arbitraire le plus complet. A quelle limite s'arrêterait-on ? Défendrait-on aux officiers de l'état civil de recevoir les actes concernant leurs

(1) Dans un pays voisin de la France, on a témoigné moins de confiance aux officiers de l'état civil. Un arrêté du roi des Pays-Bas, en date du 8 juin 1823, défend aux officiers de l'état civil de recevoir aucun acte concernant leurs épouses, leurs père et mère, et leurs enfants. On a, comme on le voit, pensé qu'une pareille restriction des pouvoirs de l'officier de l'état civil ne pouvait pas s'induire par analogie d'un texte étranger, mais qu'il fallait pour cela une disposition expresse et spéciale.

parents jusqu'au sixième degré, comme pour les actes d'huissier, ou bien seulement jusqu'au troisième degré comme pour ceux des notaires. Un système qui présente tant de vague et d'incertitude serait inadmissible, encore qu'il y eût identité de position.

Si contrairement aux règles ci-dessus rappelées, l'officier de l'état civil recevait un acte le concernant, ou concernant ses proches parents et dans lequel il devait figurer à un autre titre, quelle en serait la conséquence ? l'acte serait-il nul, ou produirait-il quelque effet, sauf à poursuivre celui qui l'a rédigé ?

Il faut distinguer entre les actes. Si l'officier de l'état civil célébrait son propre mariage, ou dressait un acte d'adoption dans lequel il paraîtrait comme adoptant ou comme adopté, ces actes n'auraient aucune valeur. Il en serait de même de tous les actes qu'il inscrirait ou transcrirait sur les registres, spontanément et sans réquisition d'un tiers. Tels seraient les publications de son mariage, les reconnaissances d'enfants naturels, les naissances et décès de ses enfants.

Que s'il a marié ses propres enfants (1) ou reçu la déclaration de leur naissance, c'est aux tribunaux à apprécier s'il y a lieu d'annuler ces actes ou de les maintenir. Il n'y a pas de texte qui en prononce la nullité. L'officier de l'état civil peut, dans ces deux hypothèses, être poursuivi pour contravention : dans la première, à l'art. 156 du Code civil, et dans la seconde à l'art. 346 du Code pénal.

Les actes de décès de la femme, des enfants, père, mère et autres parents de l'officier de l'état civil, dressés par lui, ne sont entachés d'aucune nullité.

La loi prescrit bien (art. 78, C. civ.) de rédiger l'acte sur la déclaration des plus proches parents, mais elle ne le prescrit pas d'une manière tellement impérative et exclusive que la déclaration de toute autre personne ne soit pas aussi efficace.

Quant aux actes concernant les frères, beaux-frères et autres parents ou alliés de l'officier de

(1) Ou ses petits-enfants dont les père et mère n'existent plus ou sont dans l'impossibilité de consentir.

l'état civil, ils sont parfaitement valables. Sans doute il est plus convenable qu'il s'abstienne de recevoir les actes qui intéressent ses parents à un degré rapproché. Mais s'il ne s'abstient pas, s'il dresse des actes, ils sont inattaquables.

Inutile d'ajouter que ce que j'ai dit des actes à inscrire s'applique à ceux qu'il s'agirait simplement de transcrire.

La compétence des officiers de l'état civil étant connue, leur caractère est facile à tracer.

Leur mission consiste à consigner par écrit des déclarations qu'on vient leur faire. Ils ne peuvent inscrire un acte d'office. Ils ne sont, comme on l'a dit au tribunat (1), que des greffiers, des commissaires enquêteurs. Leur ministère est passif, sauf le droit qu'ils ont incontestablement de n'écrire que ce qui devait légalement être déclaré, et de refuser même leur ministère à des actes que la loi défend et qui pourraient engager leur responsabilité (2).

(1) Séance du 20 ventôse an 11.

(2) Par ex. la reconnaissance d'un enfant adultérin par

Ils donnent l'authenticité aux actes qu'ils dressent (art. 1317, C. civ.), et ces actes font foi jusqu'à inscription de faux (art. 1319, C. civ.).

Ils sont fonctionnaires publics et, à ce titre, protégés contre les violences et outrages auxquels ils pourraient être en butte par les art. 229, 231, 232, 233, C. pén., et 6 de la loi du 25 mars 1822 ; mais ils ne sont point agents du gouvernement et ne pourraient se prévaloir du bénéfice de l'art. 75 de la constitution du 22 frim. an 8. On peut donc les poursuivre, quand il y a lieu, pour des faits relatifs à leurs fonctions, sans avoir besoin de recourir à une autorisation préalable du conseil d'état (1).

Les corps administratifs étaient chargés par la

une personne mariée, le mariage que voudrait contracter celui qui est encore dans les liens d'une première union, v. l. du 19 floréal an 2.

(1) V. deux avis du conseil d'état des 4 pluviôse an 12 et 28 juin 1806, non insérés au Bulletin des lois (S. 7-2-774). V. aussi deux arrêts de la cour de cassation, l'un à la date du 3 septembre 1807 (S. 7-2-774), l'autre à la date du 9 mars 1815 (S. 15-1-218), et deux arrêts du conseil d'état en date du 31 janvier 1838 (S. 38-2-277).

loi du 20 septembre 1792 de surveiller les municipalités, dans la tenue des registres de l'état civil. La surveillance judiciaire a remplacé celle de l'administration. Les actes de l'état civil sont mis en dépôt au greffe du tribunal civil de chaque arrondissement; et c'est aux officiers du ministère public près ces tribunaux qu'est confié le soin de veiller à la bonne tenue des registres sur lesquels ces actes sont inscrits. Ils doivent vérifier ces registres, signaler à ceux qui les tiennent les irrégularités qui s'y trouvent, et les poursuivre lorsqu'ils ont contrevenu à une disposition à laquelle se rattache une sanction pénale.

Ces règles ne s'appliquent point aux officiers de l'état civil spéciaux. Ainsi les militaires sont sous la surveillance de leurs chefs hiérarchiques, et leurs registres sont déposés au ministère de la guerre. Il en est de même pour les marins; seulement, les rôles d'équipage servant de registres, sont déposés dans les bureaux du préposé à l'inscription maritime, et l'on ne dépose au ministère de la marine qu'une expédition de l'acte inscrit sur ce rôle. Les consuls, qui ont un droit d'investigation et de contrôle sur les marins faisant fonctions d'officiers de l'état civil (art. 5 et 6 de l'ord. du 23 oct. 1833), sont eux-mêmes soumis, pour l'exercice de ces mêmes fonctions, à la surveillance du ministre des affaires étrangères, c'est à lui qu'ils envoient les expéditions de tous les actes qu'ils reçoivent. C'est entre ses mains qu'ils remettent chaque année un double des registres qu'ils tiennent. C'est ce ministre qui fait vérifier les registres, signale les contraventions et sévit contre ceux qui les ont commises (art. 9, à 12 de l'ord. précitée du 23 octobre).

CHAPITRE III.

DES REGISTRES DE L'ÉTAT CIVIL.

§ 1er. — Forme matérielle des registres.

Les actes que rédigent les officiers de l'état civil seraient trop faciles à enlever, trop exposés à se perdre, s'ils étaient mis sur des feuilles séparées. Aussi est-il formellement défendu, par l'art.

52 du Code civil, d'inscrire ces actes sur des feuilles volantes. L'officier de l'état civil qui, au mépris de cette prohibition, dresserait un pareil acte, serait passible d'un emprisonnement d'un à trois mois et d'une amende de seize à deux cents francs (art. 192, C. pén.). De plus, aux termes de l'art. 52 du Code civil, qui n'est lui-même qu'une application du principe posé dans l'art. 1382 du même Code, *qu'on doit réparer le dommage que par son fait on a causé à autrui*, il devrait aux parties lésées par cette irrégularité des dommages et intérêts. Ainsi par ex. : si on admettait le système proposé par M. Rieff (n° 107), à savoir que l'acte inscrit sur une feuille volante ne peut servir que de commencement de preuve par écrit, tous les frais d'enquête, de jugement, faits pour rectifier et compléter cet acte imparfait, devraient être remboursés par l'officier de l'état civil. Et si les tribunaux rejetaient l'acte, le regardaient comme sans valeur et repoussaient la preuve testimoniale toute seule, ou bien si on ne pouvait se procurer des témoins, si enfin l'acte avait disparu et s'il arrivait qu'à défaut de cet acte, celui qu'il intéressait

n'ait pu recueillir la part d'une succession à laquelle il eût eu des droits, c'est encore un préjudice matériel dont l'officier de l'état civil doit réparation.

Les actes doivent être inscrits sur des registres tenus doubles. La loi du 20 septembre 1792 prescrivait (art. 1er du titre 2) de tenir un registre spécial pour chaque nature d'acte. Le Code (art. 40) laisse la faculté de tenir un ou plusieurs registres. On avait pensé qu'il valait mieux, pour la bonne tenue des registres, n'en avoir qu'un seul dans les petites communes et en avoir plusieurs dans les communes populeuses et dans les villes. C'était aux maires et aux préfets à apprécier ce qui convenait le mieux à chaque localité. La tenue d'un seul registre, prescrite jadis par la déclaration du 9 avril 1736, n'est pas sans inconvénients; aussi est-elle peu usitée dans la pratique. Pour n'avoir qu'un seul registre et pouvoir y recourir facilement et avec quelque avantage, il faudrait des tables bien faites à la fin, et un titre en tête ou en marge de chaque acte. On est donc assez généralement dans l'habitude, même dans les communes d'une faible population, d'avoir un registre pour les naissances, un pour les mariages et un autre pour les décès.

On a de plus un quatrième registre pour les publications de mariage. Celui-là n'est pas tenu double. J'en donnerai plus loin le motif.

Les officiers de l'état civil doivent employer pour leurs registres du papier timbré (1), à peine de 20 francs d'amende par chaque acte transcrit en contravention (2).

Pour empêcher qu'on enlève quelques feuilles des registres, ou qu'on en intercale d'autres après coup, chaque feuillet porte un numéro et le paraphe du président du tribunal de l'arrondissement ou du juge qui le remplace (art. 41, C. civ). Au dernier numéro on ajoute que c'est la dernière

(1) L. du 20 septembre 1792, tit. 2, art. 2, et loi du 13 brum. an 7, art. 12. — Il est d'usage d'employer du papier à un franc cinquante centimes ; on pourrait en prendre d'un prix inférieur, la loi n'ayant pas fixé de dimension.

(2) Art. 26 5° l. du 13 brum. an 7, modifié par l'art. 10, l. du 16 juin 1824.

page, et en tête de la première le président constate le nombre des feuillets dans un procès-verbal imprimé en partie (1) et ainsi conçu :

Par nous du tribunal de 1re instance d dépt. d le présent registre destiné à recevoir les déclarations de pendant l'année mil huit cent , a été coté et paraphé par premier et dernier feuillet et contient feuillets celui-ci compris

Fait double à le décembre mil huit cent

Dans le même but d'obvier à la destruction des actes ou à leur inscription après coup sur les registres, le Code prescrit (art. 40) de les écrire à la suite l'un de l'autre, sans laisser aucun blanc. Toute lacune doit être bâtonnée. Le dernier jour de l'année les registres sont clos et arrêtés par l'officier de l'état civil. Son procès-verbal de clôture est mis immédiatement après le dernier acte. Il est

(1) Le ministre de l'intérieur, dans une circulaire du 31 mai 1810, recommande aux préfets de faire faire cette impression.

conçu en ces termes : *Le présent registre contenant actes de a été cejourd'hui clos et arrêté par nous maire de la commune de faisant fonctions d'officier de l'état civil.*

A la mairie, le 31 décembre 18

(Suit la signature).

Le motif qui a fait prescrire la clôture de l'acte, exige l'accomplissement de cette formalité, alors même que le registre est entièrement blanc. On mentionne alors qu'on n'a eu aucun acte à inscrire dans le courant de l'année.

Les registres étaient, avant la loi du 20 septembre 1792, fournis par les Fabriques et à leurs frais. L'art. 2 du titre 2 de cette loi dit qu'ils seraient *fournis aux frais de chaque district.*

La loi du 11 frim. an 7 (art. 4, § 4) rangea parmi les dépenses communales celles des registres de l'état civil. Et depuis, la loi du 18 juillet 1837, reproduisant (art. 30) cette disposition, a mis ces dépenses au nombre de celles qui sont obligatoires pour les communes.

Les frais des registres consistent dans leur reliure (1), l'achat du papier timbré, l'impression du procès-verbal en tête de la première feuille.

Les directoires de districts devaient envoyer chaque année aux municipalités, dans les quinze premiers jours de décembre, les registres paraphés par un de leurs membres.

Les préfets sont chargés aujourd'hui d'effectuer cet envoi. Ils commencent par transmettre (2) au président du tribunal le papier à ce destiné. Cette transmission a ordinairement lieu dans le courant de décembre. Les feuillets sont numérotés au greffe puis paraphés par le président ou bien par un juge titulaire ou suppléant qui remplit et signe le procès-verbal imprimé en tête du registre. Cela fait, on retourne les registres à la préfecture ou à la sous-préfecture, suivant les arrondissements, pour qu'ils soient par l'administration remis aux maires avant le 1er janvier.

(1) Prescrite par une circulaire du garde des sceaux, du 31 décembre 1823.

(2) Directement dans l'arrondissement de leur résidence et par l'entremise des sous-préfets dans les autres arrondissements.

Si le nombre de feuilles fournies est insuffisant, c'est à l'administration à en fournir de nouvelles. C'est donc à tort que les maires s'adressent quelque fois au parquet pour avoir un supplément à leur registre. Ils doivent demander ce supplément à la préfecture ou à la sous-préfecture qui leur a fourni le registre.

Je ne verrais cependant pas d'inconvénient à ce que le maire achetât lui-même les feuilles dont il a besoin et les fît parapher par le président du tribunal. Il pourrait même adresser pour cela les feuilles au parquet qui les lui retournerait après l'accomplissement de cette formalité.

Pour faciliter les recherches, on dresse, à la suite de chaque registre, une table alphabétique des actes qui y sont inscrits (1). Cette table est faite par l'officier de l'état civil, dans le courant de janvier; elle doit être annexée à chacun des doubles des registres, et pour cela, il doit en être remis une expédition au greffe avant le 1er mai. En fait, la

(1) V. l. du 20 septembre 1792, tit. 2, art. 8, et le décret du 20 septembre 1807.

table se dresse sur le registre même, immédiatement après la clôture ; cela vaut mieux que de faire une table séparée et de l'annexer après coup au registre.

La table doit être sur papier timbré. Si le registre est terminé, il faut ajouter de nouvelles feuilles qui n'ont pas besoin d'être paraphées, mais il ne faut pas la faire sur papier libre (1).

Elle doit être certifiée exacte et véritable puis signée par le maire.

Elle doit contenir le nom de celui ou de ceux que l'acte concerne (dans l'ordre alphabétique) ; dans une colonne à gauche, un numéro d'ordre, et dans une autre à droite, le numéro correspondant à celui qui est en marge de l'acte.

Elle n'est pas prescrite pour les registres de publications de mariages auxquels on ne recourt presque jamais (art. 10 du décret du 20 juillet 1807). Ces tables annuelles sont refondues tous les

(1) Je ne comprends pas, en présence des dispositions impératives de l'art. 4 du décret du 20 juillet 1807, l'opinion contraire qu'a émise M. Hutteau d'Origny, tit. 3, chap. 2, § 5, n° 10.

dix ans, dans les six premiers mois de la onzième année, de manière à ne former qu'une seule table par commune (1). Le greffier du tribunal civil est chargé de faire ce travail, sous la surveillance du ministère public (2). Ces tables doivent être faites en triple expédition, une pour la préfecture, l'autre pour la commune et la troisième pour le greffe. Celle pour le greffe se fait sur papier libre (circ. du garde des sceaux du 29 avril 1813) ; les deux autres doivent être sur papier timbré, certifiées et signées par le greffier. Ces dernières doivent contenir 96 noms ou lignes à la page. Il est alloué au greffier un centime par nom. Le prix du timbre lui est avancé s'il le demande, au moyen d'un mandat que lui délivre le préfet, sur les fonds des dé-

(1) V. les art. 1, 3 et suiv. du décret du 20 septembre 1807 (cette table unique est en trois parties, une pour chaque nature d'acte).

(2) V. sur cette surveillance et les rapports mensuels que doivent faire à ce sujet les officiers du ministère public, les circ. min. des 4 septembre 1813, — 21 mars et 25 juillet 1814, — 22 février et 4 juin 1817, — 4 février 1823 et 20 mars 1833.

penses imprévues du département (1). Il est obligé d'acheter lui-même celui qui doit servir à la table destinée aux communes ; le prix lui en est remboursé par la caisse communale. Les communes et le département paient, en outre du timbre, le salaire dû au greffier pour son travail. Il n'est rien alloué à ce dernier pour la confection de la table qui reste entre ses mains; un modèle annexé au décret indique la forme dans laquelle la table doit être faite.

Ces tables qui, aux termes de l'art. 15, titre 2 de la loi du 20 septembre 1792, devaient être faites dans le cours de l'année 1800, ne l'ont été pour la première fois qu'en l'an 11 (v. arrêté du 25 vend. an 9). Elles comprennent les dix années qui se sont écoulées depuis le 21 septembre 1792 jusqu'au 1er vendem. an 11 (21 septembre 1802). Les secondes comprennent toute la période qui s'est écoulée du 21 septembre 1802 au 1er janvier 1813. Il en a été fait d'autres successivement en 1823, 1833 et 1843, embrassant juste une période

(1) Circ. du min. de l'int. du 10 décembre 1822 ; id. du min. de la just. des 4 février 1823 et 20 mars 1833.

de dix ans. C'est en 1853 qu'elles se feront pour la sixième fois.

§ 2. — **Publicité des registres, délivrance des extraits.**

Les registres clos par le maire, le trente-un décembre, sont déposés dans le courant de janvier savoir : un double aux archives de la mairie, et l'autre double au greffe du tribunal civil de l'arrondissement (art. 43 du Code civil). On dépose au greffe le registre unique des publications de mariage (art. 63 ibid.) et les pièces qui doivent demeurer annexées aux actes, après que ces pièces ont été paraphées par la personne qui les a produites, et par l'officier de l'état civil. Dans les communes où, à raison de la difficulté des communications, un adjoint spécial est chargé de la tenue de registres particuliers pour une portion de la commune, ces registres doivent, à la fin de chaque année, être remis au maire du chef lieu de la commune, qui les réunit aux siens et en fait le dépôt au greffe et dans ses archives.

Ce dépôt au greffe, ne peut donner lieu à la perception d'aucun droit (circ. du minist. des fin. du

24 septembre 1808). Il se fait par l'entremise du procureur de la République (circ. du min. de la justice du 6 juin 1843), auquel on adresse les registres et pièces, afin que l'envoi ait lieu en franchise.

Ce magistrat veille à ce que le dépôt soit effectué dans le délai prescrit.

En cas de retard, il rappelle aux maires l'obligation où ils sont de faire ce dépôt, et leur accorde *s'il y a nécessité* un nouveau délai, mais qui ne peut jamais excéder deux mois; et il se concerte au besoin avec les préfets et sous-préfets (circ. min. de la just. des 20 avril 1820, 4 février et 31 décembre 1823).

Il peut, après d'inutiles avertissements, traduire l'officier de l'état civil devant le tribunal et le faire condamner à l'amende de cent francs, prononcée par l'art. 50 du Code civil.

Les registres placés dans ces dépôts sont publics, en ce sens que toute personne peut s'en faire délivrer des extraits, mais non pas prendre en communication les registres mêmes. Cette communication n'est due qu'aux préfets (v. Disc. du Code civil, Locré, t. 3, p. 6, et circ. du min. de la just. du

29 mars 1806) et aux préposés de l'enregistrement (art. 54, l. du 22 frim. an 7). Elle a lieu sans déplacement, les jours non fériés, par séances de 4 heures (art. 54 ibid.). Il n'est qu'un cas où le dépositaire puisse être tenu de déplacer ses registres; c'est lorsque le tribunal en ordonne l'apport à sa barre. Il peut même y être contraint par corps, aux termes des art. 2060, 6° du Code civil, 201 et 221 du Code de procédure.

Une ordonnance du 18 août 1819 prévoit l'hypothèse où cet apport serait relatif aux registres de l'année courante. Elle veut que, dans la quinzaine de la signification à lui faite du jugement qui ordonne cette translation, le maire se procure de nouveaux registres destinés à remplacer ceux qu'on doit mettre sous les yeux du tribunal. Ces derniers sont clos, avec indication du motif de cette clôture prématurée. Les frais de ces nouveaux registres sont compris dans les dépens du procès, et supportés par la partie qui succombe. Si cette partie est insolvable, ils sont mis à la charge de l'état, et la régie des domaines les rembourse à la commune qui en a fait l'avance.

Les extraits des registres ne sont autre chose que la copie littérale des actes, avec leurs irrégularités, leurs mentions inutiles ou prohibées (1) (art. 45, C. civil, circ. du minist. de la just. du 21 avril 1806, lettre du même du 20 février 1814). Ils doivent être conformes aux actes, et ne contenir aucun blanc, surcharges, interlignes, abréviations ni dates en chiffres. Les ratures et renvois doivent être approuvés et signés. Et cette conformité doit être certifiée par celui qui délivre l'extrait et le signe. La loi (art. 45, C. civ.) exige de plus la légalisation de l'extrait par le président du tribunal civil de l'arrondissement, c'est-à-dire l'attestation que la signature apposée au bas de l'extrait est bien celle d'une personne ayant qualité pour le faire.

A s'en tenir à la lettre du Code, cette légalisation est toujours nécessaire, quel que soit le lieu où l'on doit produire l'acte. Mais en recourant à la discussion (séance du conseil d'état du 22 fruct. an 10.

(1) Et cela sans la restriction posée par l'avis du cons. d'état du 10 février 1806.

t. 3, p. 195), on voit que l'opinion du législateur était que la légalisation n'est nécessaire qu'autant que l'extrait doit être employé hors de l'arrondissement où il est délivré. La pratique est généralement conforme à cette opinion (1), qui puise un argument d'analogie assez puissant dans l'art. 28 de la loi du 25 vent. an 11, sur le notariat.

Les extraits sont délivrés par les dépositaires des registres ; leurs commis ou secrétaires n'auraient pas qualité à cet effet. Ainsi, aux termes d'un avis du conseil d'état du 2 juillet 1807, les secrétaires de mairie n'ayant aucun caractère public, ne doivent signer aucun extrait. Ceux qu'ils auraient fait, depuis le 28 pluv. an 8, jusqu'au 2 juillet 1807, seraient valables, si, avant cette dernière époque, leur signature était légalisée par les maires et les

(1) V. dans le même sens Merlin, Répert. v° faux, sect. 1, § 15 bis, Desclozeaux, Encyclop. V° Actes de l'état civil, numéros 89 et 96, Dalloz Répert. V° Actes de l'état civil, sect 6, n° 390, Toullier, t. 1, num. 307, Marcadé, t. 1, Comment. art 45, n° 2, Hutteau d'Origny, tit. 3, chap. 3, § 1, n° 15, Rieff, p. 218. — V. en sens contraire Duranton, t. 1, n° 299, note 2, Demolombe, t. 1, n° 317 et Coin-Delisle.

préfets, antérieurement à la loi du 20 vent. an 11, et depuis par les présidents des tribunaux de 1re instance. (V. aussi circ. du min. de l'int. du 30 juill. 1807, id. du min. de la just. du 27 août 1807).

C'est au maire de la commune ou l'acte a été inscrit, ou au greffier du tribunal civil de l'arrondissement, qu'on s'adresse pour avoir les extraits des actes qui sont entre leurs mains.

Il y a aussi d'autres dépositaires auxquels on peut avoir besoin de recourir.

Ainsi les doubles des registres, qui depuis la loi du 20 septembre 1792 (et aux termes de l'art. 12, tit. 2 de cette loi), jusqu'à la promulgation du Code civil, ont dû être déposés aux archives des directoires de département, sont (lorsqu'ils n'ont pas été renvoyés aux greffes des tribunaux) (1)

(1) Je ne sais si beaucoup de préfectures ont conservé les registres de cette époque intermédiaire; à Lyon, les registres depuis 1790 à l'an 10, ont été enlevés des archives de la préfecture, en 1829, et transportés au greffe du tribunal civil. Dans les départements de l'Allier, de la Nièvre et de Saône-et-Loire, il n'y a pas de registres à la préfecture; ils sont déposés aux greffes des tribunaux d'arrondissement.

conservés dans les archives des préfectures, et les secrétaires généraux ont qualité pour en délivrer des extraits.

Les registres antérieurs à 1792 qui, des greffes des anciennes juridictions où les déposaient les ecclésiastiques, ont été transportés (1) dans les archives des départements et n'en ont point été enlevés depuis (2), sont confiés à la garde des archivistes de ces départements. Les extraits sont délivrés par eux et signés par le secrétaire général de la préfecture; l'archiviste y appose seulement son *visa* pour collation.

(1) En exécution de la loi du 20 septembre 1792, tit. 6, art. 4.

(2) Soit que les prescriptions de la loi du 20 septembre 1792 n'aient point été exécutées, soit que depuis on ait repris les registres pour les placer dans les greffes; il résulte des renseignements que j'ai pris, que, dans bon nombre de départements, et notamment dans ceux de la Côte-d'Or, de Saône-et-Loire, du Rhône, de l'Allier et de la Nièvre, il n'existe pas de registres de l'état civil dans les archives du département. A Lyon les registres antérieurs à 1790 sont déposés au greffe de la cour d'appel, sans qu'on sache à quelle époque ce dépôt a été fait. A Moulins les registres de l'arrondissement déposés au greffe du tribunal civil remontent à 1735, et ceux de l'arrondissement de

C'est au garde du dépôt général des actes de l'état civil de Paris, qu'il faudrait demander les actes antérieurs à la loi du 20 septembre 1792, concernant l'état civil des français professant le culte luthérien. Ces actes reçus par des chapelains étrangers dûment autorisés, ont été traduits et placés, pour toute la France, dans ce dépôt, conformément aux prescriptions d'un décret du 22 juillet 1806.

Il faut enfin ranger au nombre des dépositaires spéciaux, ayant mission de délivrer certains extraits, les archivistes (1) des ministères de la guerre, de la marine et des affaires étrangères, les préposés à l'inscription maritime, les chanceliers de légation et de consulat (2).

Nevers se trouvent au greffe de cette ville, à partir de l'année 1700 environ. A Autun les registres du greffe ne commencent qu'à l'année 1790. Les registres qui se trouvaient aux greffes des bailliages, ont été, à ce qu'il paraît, transportés dans les mairies des chefs lieux de ces bailliages. Celle d'Autun possède, de la sorte, les anciens registres d'un certain nombre de communes voisines.

(1) V. Hutteau d'Origny, p. 92, n° 8, 4e alinéa.

(2) Ord. du 23 oct. 1833, art. 3.

La signature de ces derniers doit être légalisée par l'agent diplomatique ou le consul (1).

Les extraits se font sur papier au timbre de un franc 25 centimes (l. du 13 brum an 7, art. 12 et 19, et l. du 28 avr. 1816, art. 63). Ils ne doivent contenir que 25 lignes à la page (l. de brum, art. 20, l. de 1816, art. 62); le timbre ne doit point être couvert d'écriture (l. de brum., art. 21), et ce à peine d'une amende de cinq francs par chaque contravention (l. de brum., art. 26, 2° et l. du 16 juin 1824, art. 10). L'amende est de 20 francs pour emploi de papier non timbré, indépendamment des droits de timbre que doivent payer les contrevenants (art. 26, 5° et § final, l. du 13 brum. an 7, et l. du 16 juin 1824, art. 10).

Sont dispensés des droits de timbre (art. 16, 1° l. du 13 brum. an 7), les extraits délivrés à un fonctionnaire ou à une administration. Ainsi ceux qu'on adresse à l'officier de l'état civil, en conformité des art. 60, 61, 80, 87, 93, 95 et 98 du Code civil, sont faits sur papier libre. Il en est de même de

(1) Ord. du 23 oct. 1833, art. 3.

ceux dont la production serait nécessaire, dans une procédure criminelle, pour établir l'âge ou le décès d'une personne, et dont la délivrance serait faite au ministère public. Seraient également dispensés des droits de timbre, les actes à produire pour le mariage des indigents. En effet, l'art. 8 de la loi du 3 juillet 1806 veut qu'ils soient visés pour timbre et enregistrés gratis, lorsqu'il y a lieu à l'enregistrement.

Enfin les extraits des actes de naissance, nécessaires pour établir l'âge des électeurs, sont délivrés gratuitement sur papier libre, à tous réclamants. Ils portent en tête de leur texte l'énonciation de leur destination spéciale et ne sont admis pour aucune autre (art. 13, l. du 15 mars 1849).

Je dirai en parlant des actes de l'état civil, quels sont ceux d'entre eux qui doivent être soumis à la formalité de l'enregistrement. Dans les cas ou cette formalité est exigée, on n'enregistre pas l'acte sur le registre, mais seulement sur l'expédition, lorsqu'on la demande. L'officier de l'état civil ou le greffier ne peut délivrer d'extrait sans l'avoir fait enregistrer, à peine de 50 francs d'amende (art. 41, l. du 22 frim. an 7).

Les droits à payer pour la rédaction des extraits, sont fixés par un décret du 12 juillet 1807. Ils sont, dans les communes rurales et dans les villes de moins de 50 mille âmes, de trente centimes pour les actes de naissance, de décès, ou de publications de mariage, et de 60 centimes pour les actes de mariage, d'adoption, ou de divorce.

Dans les villes ayant plus de 50 mille âmes, le tarif est plus élevé. Il est de 50 centimes pour les actes de naissances, de décès et de publications de mariage, et d'un franc pour les actes de mariage, d'adoption et de divorce. A Paris, le droit est de 75 centimes pour les actes de la première catégorie, et de un franc 50 centimes pour ceux de la seconde.

Ces droits sont perçus au profit de la commune (1) quand l'extrait est délivré par le maire. Quand il l'est par le greffier, c'est un bénéfice qui lui est personnel.

(1) L. 18 juill. 1837, art. 31, nº 11.

Ils ne peuvent exiger, ni recevoir de plus forts droits, à peine de concussion (art. 4 du décr. précité et 174 du Code pénal).

Le décret doit être affiché en gros caractères, dans les lieux où l'on reçoit les déclarations relatives à l'état civil, et dans les dépôts des registres (art. 5 du décret).

Le droit de timbre fixé par le décret de 1807, à 83 centimes, a été porté à un franc 25 centimes par l'art. 63 de la loi du 28 avril 1816. Le greffier perçoit en outre un droit de 25 centimes pour la légalisation, dans les cas où elle est nécessaire (l. du 21 vent. an 7, art. 14, 2e alin.).

CHAPITRE IV.

DES ACTES DE L'ÉTAT CIVIL.

§ 1er — Des personnes qui concourent aux actes.

Outre l'officier rédacteur dont j'ai parlé dans les chapitres 1 et 2 ci-dessus, différentes personnes figurent aux actes de l'état civil. Ces personnes dont chacune a son rôle distinct, sont les parties, les déclarants et les témoins.

On désigne sous le nom de parties, les personnes qui s'engagent : comme, le père qui déclare la naissance d'un de ses enfants ou qui reconnaît un enfant naturel, les personnes qui contractent mariage. On donne aussi ce nom aux personnes qui paraissent pour donner un consentement, comme les ascendants et le tuteur *ad hoc,* assistant les époux lors du mariage.

Les déclarants sont ceux qui donnent connaissance à l'officier de l'état civil d'un fait, tel qu'une naissance ou un décès.

Les témoins sont ceux qui viennent attester que les déclarations faites à l'officier de l'état civil, sont reproduites fidèlement dans l'acte, que ce qui s'est passé devant lui, est consigné exactement dans l'acte qu'il a dressé. Leur mission étant de donner, par leur concours, plus de solennité à l'acte, on a dû exiger certaines garanties. Aussi doivent-ils être mâles et majeurs. Les déclarants ne se présentant pas pour augmenter la foi due à l'acte, mais venant uniquement révéler des faits à leur connaissance personnelle, peuvent très bien être mineurs et du sexe féminin.

Les témoins peuvent être des parents ou d'autres personnes, ils peuvent être français ou étrangers, domiciliés dans la localité ou s'y trouvant momentanément.

Les parties intéressées les choisissent. Si elles n'en trouvaient pas, l'officier de l'état civil dresserait toujours l'acte, et mentionnerait l'impossibilité où l'on s'est trouvé de s'en procurer. Si personne n'était intéressé (1) à déclarer une naissance ou un décès, l'officier de l'état civil chargé de les constater appellerait d'office le nombre de personnes voulu pour servir de témoins. Il ne devrait pas admettre comme témoin quelqu'un qu'il saurait avoir moins de 21 ans, ou être privé, par suite d'une condamnation, du droit d'être employé à ce titre dans les actes (art. 28, 34 3° et 42 7°, C. pén.).

Les parties comparaissent en personne ou par

(1) D'affection, à raison de relations de parenté ou d'amitié, avec le défunt ou la mère de l'enfant.

fondé de procuration, ainsi un père peut charger un fondé de pouvoirs, de reconnaître un enfant naturel ou de consentir pour lui au mariage d'un de ses enfants. Mais en matière de mariage les parties ne peuvent se faire représenter au contrat. Elles doivent y figurer en personne. L'art. 75 du Code civil, ne permet aucun doute à cet égard (v. aussi l'art. 36, C. civ.).

La même faculté n'est point accordée aux déclarants et aux témoins qui doivent venir en personne, les uns raconter les faits qui sont à leur connaissance, les autres attester la sincérité de l'acte à la rédaction duquel ils assistent.

Les procurations doivent être spéciales, et contenir la mention de leur destination. Elles sont passées devant notaire (art. 36 ibid.).

§ 2. — Règles générales pour la rédaction des actes.

Le ministre de l'intérieur se conformant aux prescriptions d'un arrêté du 19 floréal an 8 (art. 10), avait adressé aux préfets, pour les faire parvenir aux maires, des formules d'actes de naissance, mariages, décès, divorce et adoption. Beaucoup de préfets avaient fait imprimer ces formules sur les registres, et depuis l'an 9 jusqu'en 1822 inclusivement, on se servit de ces registres imprimés.

S'il y avait dans ce mode de tenue des registres un avantage réel au point de vue de la régularité, il y avait des inconvénients tels qu'on a dû y renoncer. Comment en effet prévoir à l'avance et imprimer ce que doit contenir un acte. Ses formes varient à l'infini, les circonstances des naissances et des décès ne sont pas toujours les mêmes. Il faut cependant les énoncer fidèlement. Il faut transcrire, à la date de leur réception, les jugements de rectification, les actes venant de l'armée ou des hôpitaux. Il faut inscrire, sur le registre des naissances, les reconnaissances d'enfants naturels, et les adoptions. Je ne vois guère comment on peut procéder régulièrement avec des registres imprimés, à moins de subdiviser ces registres en plusieurs autres et d'en avoir un spécial et non imprimé pour les transcriptions à faire et les actes imprévus.

Les actes doivent être rédigés par l'officier de l'état civil. En fait ils le sont ordinairement par les secrétaires de mairie. Cela n'est pas légal et n'est pas sans inconvénient : il est beaucoup de localités où il ne peut en être autrement à cause du grand nombre d'actes à rédiger. Ils doivent alors être faits sous la surveillance et l'inspection de l'officier de l'état civil qui en définitive est seul responsable.

Les actes sont numérotés en marge (circ. du min. de la just. du 31 décembre 1823). La marge doit être à peu près d'un quart de la largeur de la page afin d'y faire, au besoin, les mentions qui seront nécessaires.

Ils sont placés à la suite les uns des autres, avec intervalle suffisant pour les distinguer entre eux; mais sans laisser de lacune qui permettrait d'ajouter quelque chose après coup.

Il ne doit y avoir non plus, dans le corps de l'acte, aucun blanc, ni surcharge. Quand un mot a été omis, ou n'est pas à sa place, il faut réparer l'omission ou l'erreur par un renvoi, et raturer le mot inexact au lieu de le surcharger. Les renvois sont mieux placés à la fin de l'acte qu'en marge, parce qu'il faut ménager cet espace pour les mentions à faire plus tard. Ces renvois ainsi que les ratures doivent faire l'objet d'une approbation et d'une signature distincte de celle qui est apposée à l'acte. Un simple paraphe avec initiales ne suffirait pas.

Les actes sont rédigés en langue française (1), aux termes de l'arrêté des consuls, du 24 prairial an 11. Les parties peuvent seulement, dans les pays où l'on ne parle pas français, requérir la traduction de l'acte à mi-marge, dans l'idiôme du pays.

L'exception faite à cette règle pour l'île de Corse, par le décret du 19 ventôse an 13, subsiste toujours.

Les actes authentiques doivent contenir l'indication du jour, du mois et de l'année où ils sont passés (l. du 25 vent. an 11, art. 12. C. de proc. civ. art. 61). Il faut de plus, pour les actes de l'état civil, mentionner l'heure de la rédaction, afin d'avoir un moyen plus sûr de vérification, dans le cas où l'acte serait attaqué comme faux.

(1) Avant la loi du 20 septembre 1792, les ecclésiastiques rédigeaient souvent les actes en latin. Depuis la loi du 20 septembre jusqu'au 24 prairial an 12, les actes furent rédigés dans l'idiôme du pays.

Dans le but de distinguer des parents qui portent le même nom, et souvent le même prénom, il faut désigner, avec le plus de soin possible, chacune des personnes dénommées dans l'acte, en indiquant ses prénoms, noms, âge, profession et domicile, ou résidence.

L'officier de l'état civil ne peut mentionner aucun nom autre que celui de la famille, ni inscrire des prénoms différents de ceux qui sont dans l'acte de naissance. Tout surnom est interdit à moins qu'il ne serve à distinguer les membres d'une même famille. Les parties et l'officier de l'état civil sont sévèrement punis en cas de contravention (v. loi du 6 fruct. an 2, et arrêté du 19 niv. an 6). Il est également défendu de relater les titres de noblesse (l. précitée du 6 fruct. et décret du 29 février 1848). Le seul titre honorifique qu'on doive mentionner dans les actes, est celui de membre de la Légion-d'Honneur (circ. du min. de la just. du 3 juin 1807).

L'adoption du calendrier républicain, substituant aux noms des saints ceux de plantes et d'animaux, avait fait donner aux enfants les noms les plus bizarres. D'un autre côté il était à craindre qu'une personne n'usurpât le nom d'une famille, en le prenant comme prénom. La loi du 11 germinal an 11 vint défendre d'insérer dans les actes de naissance des prénoms autres que ceux des saints indiqués dans les divers calendriers, et ceux des personnages connus de l'histoire ancienne. Cette loi indique les formes à suivre pour changer les prénoms autres que ceux qu'elle spécifie, ou même pour changer de nom (v. chapitre XI, infr.).

L'acte est rédigé sur-le-champ, en présence tant des parties ou de leurs fondés de pouvoirs, que des déclarants et des témoins. Il leur en est donné lecture, afin qu'ils s'assurent qu'on a fidèlement reproduit les déclarations, et accompli toutes les formalités prescrites par la loi. Il est indispensable, dans les pays où l'on ne parle pas habituellement français, de donner l'interprétation orale de l'acte, dans l'idiôme de la localité. Il est fait mention de cette lecture au bas de l'acte, qui est signé par l'officier de l'état civil, les comparants et les témoins; mention est faite de la cause qui empêcherait de signer les comparants ou les témoins. La signature de l'officier de l'état civil est indispensable.

Les pièces produites et les procurations, doivent être paraphées par la personne qui les présente à l'appui de sa déclaration. Elles sont également paraphées par l'officier de l'état civil et annexées aux registres.

CHAPITRE V.

DES ACTES DE NAISSANCE.

§ 1er. — Des naissances dans les cas ordinaires.

Les naissances doivent être déclarées à l'officier de l'état civil du lieu de l'accouchement, dans les trois jours après, et non compris celui de l'accouchement. Passé ce délai, l'officier de l'état civil ne peut plus inscrire une naissance sur son registre; il faut un jugement du tribunal, pour remplacer l'acte omis (avis du cons. d'état du 12 brumaire an 11).

En outre, les personnes qui devaient faire la déclaration, et qui ont négligé de la faire dans ce délai, sont, pour cette seule omission, punies d'un emprisonnement de six jours à six mois, et d'une amende de 16 francs à 300 francs (art. 346, C. pén.).

Les personnes auxquelles incombe l'obligation de déclarer une naissance sont :

1° Le père lorsqu'il est présent et en état d'agir, quel que soit le lieu où la femme accouche (l. du 20 septembre 1792, tit. 3, art. 2).

2° A défaut du père, lorsqu'il est absent ou dans l'impossibilité d'agir, les docteurs en médecine ou en chirurgie, sages-femmes, officiers de santé ou les autres personnes qui ont assisté à l'accouchement.

3° Toujours à défaut du père, le maître de la maison ou le chef de l'établissement (l. du 20 septembre 1792, tit. 3, art. 4), où la naissance a eu lieu, lorsque la femme est accouchée hors de son domicile. La position de la mère récemment accouchée ne permettait pas qu'on lui imposât l'obligation de déclarer la naissance de son enfant, dès-lors elle ne saurait être atteinte par la loi pénale, pour défaut de déclaration. (Arr. de cass. du 10 septembre 1847, S. 47-1-763).

L'enfant est présenté à l'officier de l'état civil, pour que celui-ci constate qu'il est vivant et qu'il vérifie quel est son sexe. Le défaut de présentation se confond avec le défaut de déclaration, et rend celui à qui il est imputable passible des peines portées par l'art. 346 du Code pén. (C. de cass. 21 juin 1833, S. 33-1-804).

Le jour, le lieu et l'heure de la naissance lui sont attestés par le déclarant, en présence de deux témoins.

C'est sur cette déclaration que l'acte de naissance est rédigé immédiatement. La présence des témoins n'est requise, ainsi que nous l'avons dit précédemment (chap. 4, § 1er), que pour la solennité de l'acte. Ils n'ont pas assisté à la naissance et ne garantissent pas la sincérité de la déclaration. Ils attestent seulement que cette déclaration a été faite en leur présence, ainsi que la présentation de l'enfant et la vérification du sexe.

L'acte indique le jour, le lieu et l'heure de la

naissance, le sexe de l'enfant, les prénoms qu'on lui aura donnés. Il est inutile d'y ajouter le nom de la famille, car l'enfant prend le nom de son père ou de sa mère, et la loi exige (art. 57, C. civ.) que l'acte de naissance indique les prénoms, noms, profession et domicile des père et mère, ainsi que leur âge (art. 34, C. civ.).

Pareille mention est exigée pour les témoins (art. 57 et 34).

Cette désignation des père et mère, que la loi prescrit d'une manière absolue, n'est pas toujours indispensable. Il faut la faire quand il s'agit d'enfants légitimes; mais pour les enfants nés hors mariage, on ne peut pas désigner le père, à moins qu'il ne se présente en personne, car la recherche de la paternité naturelle n'est pas admise.

Quant à la mère on peut la désigner, si elle y consent. Mais si elle a confié le secret de sa maternité au déclarant, celui-ci ne peut être tenu de le révéler. Aussi la cour de cassation a-t-elle décidé par trois arrêts, que les personnes qui ont assisté à un accouchement, et notamment les médecins, peuvent, en faisant la déclaration à laquelle la loi les oblige, refuser de faire connaître le nom de la mère de l'enfant (1).

La désignation qui serait faite des père et mère naturels, sans leur assentiment, n'aurait aucun effet contre eux. Elle ne servirait pas même de commencement de preuve pour établir la maternité, dont la recherche est permise toutes les fois qu'elle n'est point adultérine ou incestueuse. De plus elle exposerait les déclarants à des dommages et intérêts vis-à-vis des personnes auxquelles ils auraient attribué faussement une paternité ou une maternité imaginaire.

L'officier de l'état civil ne doit point exiger qu'on lui révèle le nom de la mère, mais si on le lui fait connaître, il n'est point répréhensible pour l'avoir consigné sur ses registres. Il a dû penser que les personnes qui lui faisaient spontanément

(1) V. C. c. rejet 16 septembre 1843. S. 43-1-915. C, c. rejet 1er juin 1844, S. 44-1-670, C. c. 1er août 1845, S. 45-1-840. V. dans le même sens, Agen, 20 avr. 1844, S. 44-2-326, et Hutteau d'Origny, tit. 4, chap. 1er, § 4, n° 10.

V. en sens contraire : Dijon 14 août 1840, S. 40-2-447. Paris 20 avr. 1843, S. 43-2-210. — MM. Duranton, t. 1er, n° 315, Rieff, n° 134 et Toullier, t. 1er, n° 317.

cette déclaration, avaient mission de la mère à cet effet. Celle-ci ne peut être présente à l'acte. Au lieu de donner une procuration pour reconnaître l'enfant dans l'acte de naissance, ou de faire plus tard une reconnaissance distincte de cet acte, la mère laisse faire ordinairement par un parent ou par la sage femme, une déclaration qu'elle ne songe pas à contester plus tard. Mais l'officier de l'état civil qui énonce le nom du père, sur une déclaration étrangère, contrevient à l'art. 35 du C. civ. et s'expose à l'amende prononcée par l'art. 50 du même Code, et en outre à des dommages-intérêts vis-à-vis du père (v. sur ce dernier point un arrêt de Besançon du 9 juin 1808, J. du palais, t. 9, année 1808, page 342, et Sirey, Collection nouv. 2,-2-397).

§ 2. — Des naissances dans les cas exceptionnels.

N° 1. — Enfants présentés sans vie.

La naissance des enfants sans vie est constatée par un acte qui s'inscrit sur le registre des décès. Il faut, à peine d'amende et d'emprisonnement (art. 346 C. pén.), présenter l'enfant à l'officier de l'état civil qui dresse un acte où il constate qu'un tel lui a présenté un enfant sans vie, du sexe masculin ou féminin, qu'il a déclaré être sorti du sein de sa mère, tel jour à telle heure. Il indiquera, s'il y a lieu, les noms des père et mère.

Cet acte doit être dressé non seulement pour les enfants mort-nés, mais encore pour ceux qui n'ont vécu que peu de temps (moins de 3 jours) et dont la naissance n'a pas encore été inscrite sur les registres (décret du 4 juillet 1806).

Nº 2. — *Enfants jumeaux.*

Quand une femme accouche d'enfants jumeaux, il faut dresser autant d'actes qu'il y a d'enfants, en indiquant l'heure de la naissance de chacun d'eux, et en les inscrivant dans l'ordre dans lequel ils sont nés.

Nº 3. — *Monstres.*

Si une femme accouchait d'un monstre, l'officier de l'état civil auquel on le présenterait, pourrait déléguer des hommes de l'art, pour le visiter et voir si, d'après leur opinion, il y a lieu de dresser un acte de naissance. Il devrait aussi en donner avis au procureur de la République de son arrondissement.

N° 4. — Enfants trouvés.

Un décret du 19 janvier 1811, indique 3 classes d'enfants dont l'éducation est confiée à la charité publique ; ce sont les enfants trouvés, les enfants abandonnés et les orphelins pauvres. Les parents de ces deux dernières classes sont connus, seulement ils ont disparu, ou bien ils sont morts. Ce sont des enfants dont l'état a déjà été constaté.

Les enfants trouvés sont ceux qui, nés de père et mère inconnus, ont été trouvés exposés dans un lieu quelconque, ou portés dans les hospices destinés à les recevoir.

Ainsi le décret dérogeant au Code pénal, qui défend d'exposer les enfants, même dans un lieu non solitaire, permet de les déposer dans les tours ou tiroirs établis à cet effet dans les hospices de certains arrondissements. Le but de ce décret a été d'éviter les infanticides.

Un registre tenu à l'hospice constate jour par jour leur arrivée, leur sexe, leur âge apparent, et contient la description des marques naturelles et des linges qui peuvent servir à les faire reconnaître.

La supérieure de l'hospice doit en outre faire à l'officier de l'état civil la déclaration prescrite à toute personne qui trouve un enfant nouveau-né (art. 58, C. civ.), et l'enfant doit lui être présenté, ainsi que les vêtements et autres effets trouvés sur lui. La déclaration doit porter sur les circonstances du temps et du lieu où on l'a découvert.

On dresse, du tout, un procès-verbal détaillé, qui énonce en outre l'âge apparent de l'enfant, son sexe et les noms qui lui sont donnés.

Si l'enfant est trouvé partout ailleurs que dans le tour d'un hospice, la personne qui l'a découvert doit, en faisant sa déclaration, remettre l'enfant à l'officier de l'état civil, qui est chargé de l'envoyer à l'hospice le plus voisin, et d'en faire mention dans l'acte qu'il dresse.

L'omission de la déclaration et de la remise de l'enfant est punie d'un emprisonnement de six jours à six mois, et d'une amende de 16 francs à 300 francs (art. 347, C. pén.).

La personne qui trouve un enfant, peut demander à s'en charger (art. 347, § 2, C. pén.).

Le procès-verbal dressé dans cette circonstance est inscrit sur le registre des naissances. Il est même d'usage, dans les lieux où il y a des hospices d'enfants trouvés, de tenir un registre spécial pour ces sortes d'actes.

N° 5. — Naissances à l'armée.

Les déclarations de naissances à l'armée sont faites dans les dix jours qui suivent l'accouchement. L'art. 346 du Code pénal ne serait pas applicable aux retardataires. L'acte est rédigé dans la même forme que ceux reçus par les maires dans l'intérieur de la France.

L'officier chargé de la tenue des registres de l'état civil, doit, dans les dix jours qui suivent l'inscription d'un acte de naissance, en adresser un extrait à l'officier de l'état civil, du dernier domicile du père de l'enfant, ou de la mère si le père est inconnu. L'officier de l'état civil transcrit cet extrait sur ses registres, à la date de sa réception, et l'annexe à l'un d'eux avec la lettre d'envoi, pour en faire le dépôt au greffe, conformément à l'art. 44 du Code civ.

N° 6. — Naissances en mer.

Une naissance en mer est un fait exceptionnel, dont la constatation se fait d'après des règles spéciales. D'abord, il n'y a pas de déclaration ; l'accouchement sur un navire est un fait notoire pour ceux qui s'y trouvent, l'acte est donc rédigé spontanément, dans les 24 heures, en présence du père, s'il est là, et en présence de deux témoins pris parmi les officiers du bâtiment, ou à leur défaut parmi les hommes de l'équipage ; il est inscrit à la suite du rôle d'équipage.

Le rédacteur est, sur les bâtiments de l'état, l'officier d'administration de la marine, sur les bâtiments appartenant à un négociant, le capitaine, maître ou patron du navire. Afin d'obvier aux dangers de la mer et d'empêcher la perte de l'acte de naissance, au premier port où le bâtiment aborde, le rédacteur de l'acte est obligé d'en déposer deux expéditions authentiques, c'est-à-dire conformes aux registres et signées de lui, savoir, dans un port français, au bureau du préposé à l'inscription maritime, et dans un port étranger, entre les mains du consul.

L'une de ces expéditions est déposée au bureau du préposé à l'inscription maritime, ou à la chancellerie du consulat, l'autre est envoyée au ministre de la marine. Le ministre adresse copie de cette expédition à l'officier de l'état civil, du domicile du père de l'enfant, ou de la mère si le père est inconnu. Cette copie est inscrite, à la date de sa réception, sur le registre courant des naissances. Elle doit être annexée aux registres, ainsi que la lettre d'envoi, et déposée au greffe à la fin de l'année.

A l'arrivée du bâtiment dans le port de désarmement, le rôle d'équipage est déposé au bureau du préposé à l'inscription maritime qui doit envoyer directement, non plus une copie de l'expédition, mais l'expédition même de l'acte de naissance, à l'officier de l'état civil du père de l'enfant ou de la mère, si le père est inconnu.

La transcription et l'annexe de l'expédition se font immédiatement, et l'on mentionne en marge de cette transcription celle précédemment faite de la copie envoyée du ministère.

Le but de cette seconde transcription est de faciliter la recherche des actes, l'époque du désarmement d'un navire étant plus connue que celle d'une simple relâche.

N° 7. — Naissances dans les lazarets.

Les naissances dans les lieux envahis par une épidémie et soumis à un régime spécial sont constatées en la forme ordinaire, sur la déclaration des personnes à qui la loi en impose l'obligation, et en présence de deux témoins, par les autorités sanitaires. Elles adressent dans les 24 heures, à l'officier de l'état civil du lieu où est situé le lazaret, une expédition de l'acte qu'elles rédigent et qui est transcrit sur les registres : l'expédition y est annexée (l. du 3 mars 1822, art. 19).

CHAPITRE VI.

DES RECONNAISSANCES D'ENFANTS NATURELS ET DES ACTES D'ADOPTION.

§ 1er. — Des reconnaissances.

L'enfant naturel qui n'a pas été reconnu par ses père et mère, dans son acte de naissance, peut l'être ultérieurement par une déclaration faite devant l'officier de l'état civil ou dans un acte authentique.

Dans le premier cas on suit, quant à la rédaction, les règles tracées pour les actes de l'état civil en général. L'enfant doit être désigné par tous les caractères propres à établir son individualité; l'époque et le lieu de sa naissance doivent être indiqués. Il n'est pas besoin que le déclarant soit assisté de deux témoins. L'officier de l'état civil compétent, est celui qu'il plaît aux parties de choisir.

La reconnaissance faite par le père et la mère conjointement, peut être consignée dans l'acte du mariage qu'ils contractent ensemble ultérieurement. Cette reconnaissance peut comprendre tous les enfants qu'ils ont eus de relations antérieures. Quand la reconnaissance est faite par un acte spécial, il est plus convenable qu'il y ait autant d'actes rédigés que d'enfants reconnus; cependant je ne verrais pas d'irrégularité dans une reconnaissance simultanée, contenue dans un seul et même acte. Les père et mère peuvent aussi faire cette reconnaissance soit avant, soit après le moment de leur union. Faite avant le mariage ou dans l'acte de célébration, elle a pour effet de conférer aux enfants (1) les droits et les avantages de la légitimité. Lorsqu'elle n'arrive qu'après, elle les laisse dans la classe des enfants naturels.

Les père et mère qui ne s'unissent pas entre eux, mais qui contractent, chacun de son côté, mariage avec une autre personne, peuvent aussi reconnaître, conjointement ou séparément, l'enfant qu'ils ont eu alors qu'ils étaient encore libres ; seulement cette reconnaissance ne peut préjudicier aux droits soit de l'époux qui y reste étranger, soit des enfants issus du mariage. Elle produit son entier effet après la dissolution du mariage (art. 337, C. civ.).

Aucun délai n'est fixé pour la reconnaissance ; elle peut être faite même après la mort de l'enfant. Elle pourrait l'être aussi avant sa naissance; seulement l'officier de l'état civil, qui n'a pas mission de constater éventuellement l'état de per-

(1) Quand ils ne sont pas nés d'un commerce incestueux ou adultérin.

sonnes non encore existantes, ne pourrait en dresser acte. Il faudrait la faire devant un notaire, lequel a qualité pour conférer l'authenticité aux actes qu'il rédige.

Le mineur pubère, la femme mariée, l'interdit, la personne pourvue d'un conseil judiciaire, peuvent sans assistance ni autorisation reconnaître un enfant naturel.

C'est la constatation d'un fait qui entraîne bien pour eux des obligations, mais qui a trop d'importance pour qu'on ne les admette pas à en faire la déclaration. Ils viennent réparer une faute, accomplir un devoir de conscience, plutôt que contracter un engagement civil.

Il en serait autrement du condamné frappé de mort civile; comme il n'existe plus légalement, sa reconnaissance ne produirait aucun effet.

L'officier de l'état civil, n'est pas juge des déclarations qui lui sont faites. Il doit les consigner sur ses registres, alors même qu'il y aurait doute dans son esprit sur la validité de la déclaration. Cependant il est des cas où il doit refuser son ministère. Ainsi lorsqu'un mineur vient faire une reconnaissance d'enfant, et que de toute évidence il n'est pas dans l'âge de pouvoir en procréer ; lorsqu'un interdit vient dans un moment de folie lui faire une pareille déclaration, il ne doit pas la recevoir ; l'acte qu'il ferait ne serait pas sérieux.

Il devrait ne pas inscrire dans une reconnaissance faite par la mère le nom du père qu'elle lui indique, car en le faisant, il s'expose, ainsi que je l'ai dit au chapitre précédent (*p.* 101) à propos des actes de naissance, à des dommages-intérêts pour avoir imprudemment attribué à quelqu'un dans un acte public, une paternité mensongère.

Enfin il doit refuser de consigner sur ses registres une déclaration de paternité ou de maternité adultérine ou incestueuse (l. du 29 flor. an 2, et art. 335, C. civ.). S'il y a déjà une première reconnaissance, il n'en admettra pas une seconde, et laissera aux tribunaux le soin de statuer sur la valeur de la première reconnaissance et sur la nécessité d'y substituer la seconde.

La reconnaissance faite par acte authentique est transcrite (art. 62, C. civ.) sur les registres de l'état civil de la commune qu'il plaît aux parties de choisir. On considère comme authentiques les actes dressés par certains fonctionnaires dans les limites de leurs attributions ; de ce nombre sont les notaires (1). Seraient aussi rangés parmi les actes authentiques, les jugements contenant un aveu de paternité ou de maternité, ou bien la constatation forcée de l'une ou de l'autre de ces qualités, dans les cas où la recherche en est admise (art. 340, 341 et 342, C. civ.).

Les officiers de l'état civil devraient se refuser formellement à transcrire des actes sous seing privé, fut-ce même un testament olographe, de pareils actes n'ayant aucune valeur comme reconnaissance. Il en serait autrement si ces actes avaient été déposés par leur auteur chez un notaire. Ils s'identifient alors avec l'acte de dépôt qui en est dressé et deviennent de véritables actes authentiques.

(1) Quelques auteurs ajoutent les juges de paix et leurs greffiers. Il est vrai qu'ils confèrent l'authenticité aux actes, mais seulement lorsque ces actes rentrent dans leurs attributions. Or nulle part la loi qui fixe la compétence des juges de paix et de leurs greffiers ne leur attribue la rédaction des actes de reconnaissance.

Quand l'officier de l'état civil, qui dresse l'acte de reconnaissance ou qui le transcrit sur ses registres, est celui qui a transcrit précédemment l'acte de naissance, il en fait mention en marge de cet acte, sur les deux registres, s'il les a encore en sa possession ; et si l'un d'eux est déposé au greffe, il fait la mention sur le double resté entre ses mains, et en donne avis, dans les trois jours, au procureur de la République, qui fait faire la mention sur le double du greffe.

Pareil avis doit être donné dans le cas où la reconnaissance a lieu dans une autre commune que celle où la naissance a été déclarée. Le procureur de la République fait faire lui-même la rectification, si la commune est de son arrondissement, sinon il transmet l'avis du maire à son collègue, dans l'arrondissement duquel se trouve la commune, lieu de la naissance, afin de faire opérer la mention prescrite par la loi.

Les reconnaissances d'enfant sont soumises à un droit d'enregistrement de 2 francs, quand elles ont lieu dans un acte de mariage, et de cinq francs quand elles sont faites de toute autre manières

(l. du 28 avril 1816, article 43, n° 22 et 45, n° 7).

Des décisions ministérielles ont modifié et interprété la loi en ce sens, que le droit de 2 francs est dû pour tous les actes de reconnaissance que reçoivent les officiers de l'état civil, et le droit de 5 francs n'est à percevoir que sur ceux de ces actes passés devant notaire.

Le droit n'est dû que sur la première expédition délivrée aux parties; aussi les officiers de l'état civil doivent-ils tenir note du premier extrait qu'ils délivrent, et mentionner dans le deuxième extrait la délivrance du premier, afin d'empêcher une nouvelle perception du droit.

Ce droit s'applique même aux reconnaissances antérieures à la loi du 28 avril 1816.

Il se perçoit sur l'expédition d'un acte de naissance en marge duquel a été mentionnée la reconnaissance.

La transcription d'un acte de reconnaissance ne doit être faite qu'autant qu'il est enregistré.

Si, dans un acte de mariage, on reconnaît plusieurs enfants, il n'est dû qu'un seul droit.

Enfin il n'y a rien à percevoir pour les reconnaissances faites dans les actes de naissance.

L'enregistrement a lieu gratis pour les indigents (art. 77, l. du 15 mai 1818).

L'indigence s'établit par un certificat du maire, légalisé par le sous-préfet. Quand la reconnaissance est faite dans un acte de mariage, ou bien antérieurement, mais dans le but de légitimer, par mariage subséquent, l'enfant reconnu, les indigents doivent, outre le certificat du maire, en produire un du percepteur, constatant qu'ils ne sont pas imposés, ou justifier, par un extrait du rôle des contributions, qu'ils paient moins de 10 francs d'impôt (art. 8, l. du 3 juillet 1846, et ord. du 30 décembre 1846).

§ 2. — Des actes d'adoption.

Il n'y avait pas, avant le Code civil, de forme spéciale pour constater la parenté civile résultant de l'adoption. Il suffisait pour cela d'un acte authentique (décret du 16 frim. an 3 et loi du 25 germ. an 11). Ainsi on pouvait s'adresser à un notaire, comme à l'officier de l'état civil. Aussi trouve-t-on au nombre des formules d'actes de l'état civil, annexées au décret du 19 floréal an 8, le modèle d'un acte d'adoption.

Le Code distingue deux sortes d'adoptions, celles entre vifs et celles par acte de dernière volonté.

Les formes de l'adoption entre vifs consistent : 1° dans un acte dressé par le juge de paix, constatant le consentement des parties (1).

2° Dans l'homologation de cet acte par le tribunal de première instance, et ensuite par la cour.

3° Dans l'affiche de l'arrêt, constatée par procès-verbal d'huissier, et faite en tels lieux et en tel nombre d'exemplaires que la cour prescrira par son arrêt.

4° Dans l'inscription, sur les registres de l'éta civil du lieu où est domiciliée l'adoptant, d'un act spécial qui est le complément indispensable des autres.

Cette inscription a lieu sur la réquisition de

(1) Si les père et mère de l'adopté ne sont pas présents, il faut produire leur consentement notarié, ou l'acte respectueux à eux notifié par l'adopté âgé de plus de 25 ans. Si le conjoint de l'adoptant n'est pas présent, il faut également justifier par un acte notarié, qu'il consent à l'adoption.

l'une ou de l'autre des parties qui présentent à l'officier de l'état civil les pièces ci-dessus mentionnées. Ces pièces n'ont pas besoin d'être transcrites, leur remise seule est constatée avec mention sommaire de leur contenu.

En cas de mort de l'adoptant, après l'acte reçu par le juge de paix, l'adopté en poursuit l'homologation devant le tribunal et devant la cour, le fait afficher et se présente seul à l'officier de l'état civil qui inscrit sa déclaration. Dans toute hypothèse, cette inscription sur les registres de l'état civil doit avoir lieu dans les trois mois qui suivent le prononcé de l'arrêt de la cour.

L'acte est dressé par l'officier de l'état civil sans assistance de témoins (C. c. rejet 23 novembre 1847, S. 48-1-58). Il peut l'être après le décès de l'adoptant et même après celui de l'adopté.

L'officier de l'état civil n'a pas à examiner si les conditions de l'adoption ont été remplies. La cour a fait cette vérification; seulement il devrait refuser d'inscrire l'adoption quand l'arrêt qu'on lui présente a plus de trois mois de date.

Il est fait mention de l'adoption en marge de

l'acte de naissance, les règles sont les mêmes que pour les reconnaissances (v. sup. p. 74).

Les juges de paix, tribunaux et officiers de l'état civil, auxquels on doit s'adresser, sont ceux du domicile de l'adoptant.

L'adoption testamentaire se fait dans les formes voulues pour tout testament. Elle est permise au tuteur officieux qui décède avant la majorité de son pupille. Bien que la loi ne le dise pas d'une manière formelle, je pense (1) qu'il faut faire vérifier par l'autorité judiciaire les conditions de cette adoption et la faire inscrire comme celle entre vifs sur les registres de l'état civil.

Les actes d'adoption sont, aux termes de la loi du 22 frim. an 7, art. 68, § 1er, n° 9, passibles d'un droit fixe de un franc; de plus les jugements et arrêts qui homologuent une adoption sont soumis, les premiers à un droit de 50 francs, et les seconds à un droit de 100 francs (art. 48 2°, et 49 1°, l. du 28 avr. 1816).

(1) Avec MM. Hutteau d'Origny, tit. 6, n° 6 et Ducaurroy, t. 1er comm. de l'art. 366, C. civ.

CHAPITRE VII.

DES ACTES DE MARIAGE.

Le mariage est un acte d'une haute importance, dont le législateur a réglé avec soin les conditions et les formes. L'officier de l'état civil, s'il ne veut s'exposer à de fréquentes erreurs, doit connaître ces règles, non seulement en ce qui touche les formalités préliminaires ou concommittantes de l'acte, mais encore relativement aux qualités et conditions requises pour pouvoir contracter mariage.

Je m'occuperai donc successivement 1° de ces qualités et conditions, 2° des publications, 3° des oppositions, 4° des pièces à produire, 5° de la célébration, 6° de l'acte de mariage et des énonciations qu'il doit contenir.

§ 1er. — Des qualités et conditions requises pour pouvoir contracter mariage.

La différence de sexe est la première condition exigée entre époux. La deuxième est le consentement des parties, sans lequel le contrat ne peut se former. Les personnes frappées de mort civile (1) ou atteintes de folie, ne peuvent donner de consentement valable. Seulement, pour ces dernières, il faut distinguer entre celles qui sont interdites et celles qui ne le sont pas; les premières ne peuvent jamais consentir, les deuxièmes le peuvent lorsqu'elles sont dans un intervalle lucide. Le mariage qu'elles contracteraient dans un pareil moment, serait inattaquable. Celui qui serait frappé d'interdiction par suite d'une condamnation pénale (art. 29, C. pén.), ne pourrait pas plus se marier que l'interdit, pour cause de démence.

Outre ces deux conditions essentielles, il faut encore que les époux aient atteint l'âge où ils peuvent apprécier l'importance de l'engagement qu'ils prennent, et donner naissance à une génération bien constituée.

(1) La personne condamnée à une peine emportant la mort civile et graciée depuis, ne pourrait se marier qu'après s'être fait réhabiliter, suivant les formes prescrites par l'art. 619 du Code d'instr. crim.

Cet âge est fixé à 18 ans pour les hommes, et à 15 ans pour les femmes.

Le gouvernement peut accorder des dispenses pour des causes graves. Elles sont accordées sur le rapport du ministre de la justice, après avoir pris l'avis du procureur de la République (1).

(1) Les pièces à produire sont :

1° La demande de dispenses signée par les futurs et par les personnes dont le consentement ou le conseil est requis pour le mariage.

Si les futurs ne savent signer, leur demande est faite par le maire ;

2° Si les personnes dont le consentement ou le conseil est requis ne savent signer, un acte notarié en brevet contenant leur consentement.

L'expédition de la délibération qu'il a prise, quand c'est le conseil de famille qui doit consentir ;

3° Les actes de naissance des futurs, légalisés par le président du tribunal, ou des actes de notoriété homologués par le tribunal (art. 70, 71 et 72, C. civ.).

4° Quand la future est enceinte, le rapport d'une personne assermentée constatant son état de grossesse ;

5° Les actes de naissance ou de reconnaissance des enfants qui seraient nés du commerce des parties, ainsi que les actes de naissance des enfants qui seraient nés du mariage de l'un des futurs.

6° Les actes de décès de ces mêmes enfants, quand ils sont morts au moment où la demande est formée.

Dans les pays situés au-delà de l'Océan Atlantique, les consuls généraux peuvent accorder des

7° L'acte de décès du conjoint de celui des futurs époux qui aurait déjà été marié.

8° L'avis motivé du procureur de la République, mis à la marge de la demande.

9° Quand les parties sont indigentes, deux certificats, l'un du maire constatant l'indigence, l'autre du percepteur attestant qu'elles ne sont point imposées. Le certificat du maire est visé par le préfet ou par le sous-préfet de l'arrondissement.

10° Lorsque les parties, sans être indigentes, sollicitent la remise d'une partie des droits de sceau, elles doivent justifier : 1° du revenu réel de leurs propriétés ;

2° Des impôts qui les grèvent ;

3° Du produit de l'industrie qu'elles exercent ;

4° Des autres ressources possédées à un titre quelconque.

Ces différentes pièces, à l'exception des extraits de rôle et certificats d'indigence, doivent être sur papier timbré.

Elles sont remises au procureur de la République de l'arrondissement, qui les adresse, par l'entremise du procureur général, au garde des sceaux. La lettre d'envoi doit contenir l'avis de ce magistrat sur l'opportunité d'accorder les dispenses, et cela d'une manière plus détaillée que dans la mention par lui faite en marge de la demande.

Le procureur de la République doit s'expliquer sur la question de savoir si les parties sont en état d'acquitter les droits de sceau. Lorsqu'elles demandent la remise d'une partie de ces droits, il faut, outre leur position pécuniaire, dispenses d'âge, au nom du gouvernement, à la charge de faire connaître immédiatement au mi-

faire connaître les charges que ces mêmes parties auraient à supporter envers leurs enfants ou leurs auteurs, en ayant soin d'exprimer si, dans la réalité, ces charges ne se trouveraient pas atténuées ou compensées par le produit de travaux que ceux-ci apporteraient en échange dans le ménage commun. Le ministère public, lorsqu'il pense qu'il y a lieu à réduction, précise la somme à laquelle il estime que les droits doivent être réduits.

Enfin il indique le référendaire qui doit être chargé des intérêts des postulants. A défaut de cette indication, le référendaire est désigné dans les bureaux du ministère. Lorsque l'un des conjoints a déjà été engagé dans les liens d'un premier mariage, le dossier ne doit être transmis à la chancellerie qu'après l'expiration de l'année depuis le décès du premier conjoint (decision du 25 mars 1840).

Les causes de dispenses ne sont point déterminées. C'en serait une grave que l'état de grossesse de la femme. Il y aurait également cause suffisante de dispense, si le mariage projeté devait assurer à la personne dispensée une position, des moyens d'existence qui lui manqueraient; s'il devait mettre ses mœurs à l'abri du danger auquel ils seraient exposés. C'est une affaire d'appréciation et qui dépend des circonstances. Seulement il est d'usage: 1° de ne jamais accorder de dispenses aux hommes avant 17 ans accomplis et aux femmes avant 14 ans accomplis, sauf pour celles-ci le cas où elles seraient devenues grosses avant cet âge; 2° de rejeter toute demande de dispenses lorsque l'homme est de quelques années plus jeune que la femme.

nistre des affaires étrangères, les motifs qui les ont portés à accorder ces dispenses.

Si la demande est rejetée, il en est donné avis aux postulants, et les pièces leur sont retournées par l'entremise du parquet. Si la demande est admise, les lettres patentes sont aussi adressées au parquet. Elles sont ensuite enregistrées, sur les réquisitions du ministère public et en vertu d'une ordonnance du président du tribunal, sur un registre spécial tenu au greffe. Il en est délivré une expédition pour être annexée à l'acte de célébration du mariage. Les lettres patentes doivent être remises aux impétrants avec la mention de l'enregistrement sur le revers.

Les droits de sceau, dont il peut être fait remise en tout ou en partie, sont de 180 francs, dont voici le détail :

1° Droit de sceau.	100 fr.
2° Droit d'enregistrement	22
3° Droit du référendaire.	50
4° Frais matériels alloués à ce dernier . . .	8
Total	180 fr.

Voir, sur les formalités à remplir pour les dispenses d'âge, l'art. 145 du code civil, l'arrêté du 20 floréal an 11, les circulaires minist. des 16 août 1817, 10 mai 1824, 28 avril 1832, 16 juillet 1839, et celle du proc. génér. près la cour de Dijon, du 22 juillet 1839. V. aussi la loi du 13 brum. an 7 (art. 12 et 16), les ord. des 15 juillet et 8 octobre 1814, la loi du 28 avr. 1816 (art. 55), l'ord. du 25 juin 1817, la loi du 15 mai 1818 (art. 77), celle du 3 juillet 1846 (art. 8) et l'ordonnance du 30 décembre de la même année.

Des ordonnances ou arrêtés spéciaux peuvent investir du même pouvoir les consuls de première et de deuxième classe résidant dans ces contrées (ord. du 23 oct. 1833, art. 18).

L'inexpérience des futurs époux et le respect dû aux ascendants, fait qu'on exige le consentement de ceux-ci, tant que les contractants n'ont pas 25 ans, si c'est un homme, et 21 ans, si c'est une femme; au-delà de cet âge, ils ne sont plus tenus que de demander conseil à leurs ascendants, auxquels ils font notifier l'intention où ils sont de contracter mariage. La notification est faite par deux notaires, ou par un seul notaire assisté de deux témoins. Le procès-verbal rédigé par eux mentionne la réponse qui leur aurait été faite par l'ascendant.

Cette notification est renouvelée deux fois, de mois en mois, et ce n'est qu'un mois après le troisième acte qu'il peut être passé outre à la célébration du mariage.

Après 25 ans pour les femmes et 30 ans pour les hommes, un seul acte suffit et le mariage peut être célébré un mois après.

Ces notifications prennent le nom d'actes respectueux.

Il n'y a pas de conseil à demander à celui qui est interdit ou en état d'absence légalement constatée, et par conséquent il n'y a pas d'acte respectueux à lui faire; mais on devrait remplir cette formalité vis-à-vis du fou non interdit.

Les ascendants dont on doit obtenir le consentement ou demander le conseil, sont les père et mère, et à leur défaut, les aïeuls et aïeules paternels et maternels.

En cas de dissentiment entre le père et la mère, entre l'aïeul et l'aïeule de la même ligne, le consentement du père dans le premier cas, de l'aïeul dans le second, suffisent. Le dissentiment est constaté au moyen d'un acte respectueux, fait à la mère ou à l'aïeule.

S'il y a des aïeux dans la ligne paternelle et dans la ligne maternelle, et que ceux d'une ligne approuvent le mariage, tandis que ceux de l'autre sont d'un avis contraire, le dissentiment entre les deux lignes équivaut à un consentement.

Lorsque l'un des père et mère, ou autres ascendants, est mort naturellement ou civilement, lorsqu'il est par suite d'absence ou de folie dans l'impossibilité de manifester sa volonté, le consentement de l'autre époux ou ascendant est suffisant.

A défaut d'ascendants, les majeurs de 21 ans peuvent se marier sans avoir de consentement à obtenir, ni de conseil à demander. Les mineurs qui se trouvent dans cette position ne peuvent contracter mariage qu'avec le consentement du conseil de famille.

S'il y a dissentiment dans le conseil, les uns voulant accorder, les autres refuser l'autorisation, l'avis de chacun des membres le composant sera relaté dans la délibération, et la minorité pourra se pourvoir contre cette délibération, à l'effet de la faire réformer. A cet effet, les membres la composant assigneront ceux de la majorité devant le tribunal, l'affaire sera jugée sommairement (art. 883 et 884 du Code de proc. civ.).

Ces règles sont applicables aux enfants naturels, avec cette restriction qu'ils n'ont d'autres ascendants aux yeux de la loi que les père et mère qui les ont reconnus. Ceux-ci morts, il doit leur être nommé un tuteur spécial, sans l'assentiment duquel ils ne peuvent se marier jusqu'à 21 ans. Cette nomination est faite par le conseil de famille, alors même que l'enfant serait déjà pourvu d'un tuteur. Seulement, je crois qu'on pourrait investir ce dernier de cette mission. On procède de même pour les enfants naturels non reconnus. Le tuteur spécial qui leur est donné, est nommé par un conseil composé d'amis ou de personnes connues pour leur porter de l'affection.

Les enfants trouvés sont sous la tutelle de la commission administrative de l'hospice qui les a recueillis, et doivent jusqu'à leur majorité obtenir son consentement pour se marier (l. du 15 pluv. an 13, art. 1 à 4).

La parenté et l'alliance sont des obstacles au mariage de certaines personnes; ainsi, le mariage est prohibé pour cause de parenté en ligne directe à l'infini, en ligne collatérale entre frères et sœurs, oncles et nièces, tantes et neveux, grand-oncle et petites-nièces, grand'tante et petits-neveux.

Il est également prohibé entre tous les alliés en ligne directe et en ligne collatérale, entre beaux-frères et belles-sœurs seulement ; néanmoins, ces prohibitions peuvent être levées pour les parents et alliés en ligne collatérale autres que les frères et sœurs. (1)

(1) Les pièces à produire sont les mêmes que celles indiquées ci-dessus (p. 122 à la note) pour les dispenses d'âge, n° 1 à 10 inclusivement. Il faut ajouter à ces pièces, quand il s'agit de mariage entre beaux-frères et belles-sœurs, l'acte de mariage de celui des futurs qui a déjà été marié ; et quand il s'agit de mariage entre oncle et nièce, ou petite-nièce, les parties doivent produire, à partir de l'auteur commun, les actes de naissance et de mariage indispensables pour établir d'une manière incontestable le dégré de parenté entre elles. On y joint quelquefois un tableau généalogique de la famille des futurs ; cette pièce peut-être utile, et il est bon de la fournir, bien qu'elle ne soit point prescrite par les instructions ministérielles. Tout ce que j'ai dit ci-dessus (p. 123 et ss. à la note) au sujet des dispenses d'âge pour la remise des pièces au ministère public, l'envoi qui doit en être fait au procureur général, puis à la chancellerie, l'époque de cet envoi quand l'un des postulants a déjà été marié, les énonciations que doit contenir la lettre d'envoi, l'avis à donner aux parties quand la demande est rejetée, l'enregistrement des lettres-patentes au greffe et leur délivrance, s'applique aux dispenses pour cause de parenté ou alliance. Les causes de dispenses ne sont pas les mêmes.

Les mêmes prohibitions existent entre parents et alliés naturels, seulement en ligne collatérale

Ainsi l'état de grossesse, loin d'être un motif d'accorder les dispenses, en est un au contraire qui doit, en général, faire rejeter la demande. On ne peut donner un encouragement à la corruption des mœurs, et le ministère public doit scruter avec soin la conduite antérieure des futurs époux, afin de signaler au ministre l'existence de tout commerce scandaleux qui aurait existé entre eux.

Le ministère public doit aussi vérifier si l'union projetée n'est pas de nature à blesser les intérêts des enfants qui seraient issus d'un premier mariage.

Les circonstances qui doivent être prises en considération sont celles qui doivent rendre les mariages profitables aux familles.

Les principaux motifs qui détermineront la décision de M. le garde des sceaux sont; 1° *l'intérêt des enfants, nés d'un premier mariage, qui retrouveraient dans un oncle la protection d'un père, dans une tante les soins d'une mère;*

2° *La conservation d'un établissement ou d'une exploitation dont la ruine blesserait des intérêts importants à ménager;*

3° *L'union qui devrait procurer à l'un des époux un état ou des moyens d'existence;*

4° *Celle qui tendrait à prévenir ou à terminer un procès;*

5° *A empêcher un partage nuisible;*

6° *A faciliter des arrangements de famille.*

Les droits de sceau, d'enreg., etc., sont de 302 francs.

Voir l'art. 164, C. civ. modifié par la loi du 16 avr. 1832. V. aussi le décret du 7 mai 1808, ainsi que les circ. min. et les disp. législ. citées p. 125 à la note.

elles s'arrêtent aux frères et sœurs, beaux-frères et belles-sœurs (art. 161, 162 et 163, C. civ. combinés, décis. min. du 27 juillet 1843, conforme à l'avis du comité du contentieux du cons. d'état du 24 mars 1825).

L'adoption fait naître des empêchements nouveaux qui subsistent avec ceux résultant de la parenté naturelle.

Le mariage est défendu à l'adoptant avec l'adopté, son conjoint et ses descendants, puis à l'adopté avec le conjoint et les enfants même adoptifs de l'adoptant.

Un premier mariage subsistant, ne permet pas d'en contracter un second avant sa dissolution ou son annulation par les tribunaux. La veuve est même obligée d'attendre que dix mois se soient écoulés depuis cette époque, quand elle veut se remarier. Ce délai prévient l'embarras où l'on aurait pu se trouver pour attribuer un père à l'enfant né d'un mariage contracté peu de temps après la dissolution du premier. La sanction d'une aussi sage prescription se trouve dans l'art. 194 du Code pénal, qui punit l'officier de l'état civil contrevenant d'une amende de 16 francs à 300 francs.

L'engagement dans les ordres sacrés est une cause d'empêchement, et c'est une question controversée que de savoir si elle cesse lorsque le prêtre catholique renonce à ses fonctions. Cette question aussi grave que délicate doit toujours être soumise aux tribunaux. Les officiers de l'état civil doivent donc, lorsque des individus engagés dans les ordres sacrés se présentent pour contracter mariage, se refuser à en faire les publications et à procéder à sa célébration, sauf aux intéressés à se pourvoir ainsi qu'ils aviseront (circ. du min. de la just. du 27 janvier 1831).

Les officiers (1), sous-officiers et soldats des armées de terre et de mer, toutes les personnes attachées à ces armées, ne peuvent (aux termes des

(1) De tout grade qu'ils soient, en activité, en disponibilité ou en non-activité. Les officiers et fonctionnaires militaires, ceux de la marine dans la position de réforme et de retraite, c'est-à-dire, ceux définitivement rendus à la vie civile, sont seuls dégagés de cette obligation d'obtenir l'autorisation du ministre.

décrets des 16 juin, 3 et 28 août 1808) se marier, les officiers qu'avec une permission par écrit du ministre de la guerre ou de la marine, les sous-officiers et soldats qu'avec celle du conseil d'administration de leurs corps. (1)

L'officier de l'état civil qui célèbre un mariage sans exiger la présentation de cette permission, encoure la peine de la destitution.

(1) Cette autorisation est exigée, pour les jeunes soldats, du jour ou ils ont été immatriculés au bureau de recrutement (art. 17 de l'instruction ministérielle du 16 novembre 1833).

Avant de passer au conseil de révision, il n'est pas besoin d'autorisation, quel que soit le numéro que le sort ait départi à un conscrit Du moment où le conseil de révision l'a déclaré apte au service, il fait partie du contingent: il est soldat. L'autorisation est nécessaire au soldat faisant partie de la réserve ; à celui qui est en congé d'un an ou en congé illimité. Seulement, dans ces différents cas, elle est accordée par l'officier général commandant le département où réside le militaire.

Les marins de l'inscription maritime, avant d'être appelés au service, peuvent se marier sans autorisation.

Lorsqu'ils sont embarqués ou employés à terre, ils doivent, comme les marins du recrutement, obtenir l'autorisation du conseil du bord ou du conseil d'administration de la division.

Les sous-officiers et soldats de toutes armes, les marins

Les officiers contrevenants perdent en outre pour eux et les leurs tout droit à une pension ou à des récompenses militaires.

Quand des étrangers se marient en France, ils doivent réunir les conditions ci-dessus indiquées pour l'âge, le consentement des ascendants, le domicile, etc. — Ils ont besoin de dispenses lorsqu'ils sont parents ou alliés à un degré où elles sont nécessaires. L'officier de l'état civil en France ne peut connaître que la loi française; c'est la seule dont il puisse faire l'application à tous ceux qu'il marie sans distinction de nationalité. Néanmoins, comme dans plusieurs états limitrophes ou voisins de la France il y a des conditions spéciales sans l'accomplissement desquelles les mariages ne sont pas valables (1); comme dans cer-

du recrutement sous les drapeaux, doivent être autorisés à se marier par le conseil d'administration du corps dont ils font partie.

Il en est de même lorsqu'ils sont en congé, à moins qu'ils n'aient commencé leur dernière année de service, cas auquel ils s'adressent aux généraux commandant les divisions dans lesquelles ils résident.

(1) Par ex. les mariages contractés par les sujets sardes

tains d'entre eux, la loi défend aux régnicoles de se marier en pays étranger, sans une autorisation du gouvernement, sous peine de nullité de leur mariage, il en résultait que lorsque des étrangers, qui s'étaient régulièrement mariés en France, retournaient dans leurs pays, leurs femmes et leurs enfants s'en voyaient repoussés comme illégitimes. Pour faire cesser cet état de choses, le garde des sceaux a prescrit (1) d'exiger de tout étranger non naturalisé, qui veut se marier en France, la justification qu'il est apte d'après les lois de sa patrie à contracter mariage avec la personne qu'il se propose d'épouser.

§ 2. — Des publications.

Le mariage doit être célébré publiquement (art. 165, C. civ.). Pour mieux atteindre ce but, et pour donner aux personnes intéressées à s'y opposer connaissance de l'union projetée, la loi veut que nul ne puisse se marier en France,

sont valables en Sardaigne, quand les dispositions des canons et du Concile de Trente ont été observées.

(1) Circ. du 4 mars 1831, v. p. 164.

avant d'avoir fait publier son futur mariage par l'officier de l'état civil. La même obligation est imposée au Français qui se marie à l'étranger, pourvu qu'il ait encore un domicile en France, ou qu'il ait besoin du consentement d'ascendants qui y sont domiciliés.

Les publications se font à la fois dans toutes les communes où sont domiciliés les contractants et les ascendants ou autres personnes dont le consentement est nécessaire.

Le domicile en matière de mariage n'est à vrai dire qu'une simple résidence. Il s'acquiert par six mois d'habitation continue dans la même commune, de sorte qu'on peut avoir simultanément le domicile ordinaire au lieu où l'on a son principal établissement, et le domicile requis pour le mariage dans le pays où l'on réside depuis plus de six mois (art. 74 et 102, C. civ.).

Les parties peuvent se marier à leur choix à l'un où à l'autre de ces domiciles. Si elles optent pour le domicile ordinaire, c'est là seulement qu'elles font faire leurs publications. Si au contraire elles choisissent le domicile spécial, les publications qui y seront faites devront l'être en outre au domicile ordinaire.

Ainsi, un militaire qui revient du service, un jeune homme qui rentre chez son père après avoir terminé ses études, peuvent l'un et l'autre se marier à leur domicile d'origine et y faire les publications requises sans avoir besoin de les faire dans le pays qu'ils ont quitté et où ils avaient résidé six mois et au-delà. Que si, au contraire, ils avaient voulu pendant leur séjour dans cette résidence s'y marier, ils auraient été dans la nécessité de faire les publications dans deux endroits : dans le lieu de leur résidence momentanée et dans celui de leur domicile légal, dans le pays qu'habite leur famille.

Il n'y a d'exception à ces règles que pour les militaires en France et les personnes qui se marient à l'étranger. Le militaire tenant garnison depuis moins de six mois dans une ville peut s'y marier et y faire faire les publications de son mariage. Il suffit qu'il ait été six mois au corps (instruction du min. de la guerre publiée en 1809 et réimprimée en 1823, observations sur l'art. 74,

C. civ.) (1). Il serait même bon que ces publications fussent faites aussi au lieu où il a précédemment tenu garnison en même temps qu'à son domicile légal.

Les sous-officiers et soldats doivent produire à l'officier de l'état civil, avant les publications, un certificat du conseil d'administration de leur corps, constatant la déclaration qu'ils lui ont faite de leur prochain mariage et attestant qu'il ne leur connaît pas d'autre engagement de cette nature (circ. min. du 5 therm. an 8).

Ceux qui résident depuis moins de six mois à l'étranger, peuvent s'y marier à condition de faire faire des publications à leur ancien domicile en France, en même temps qu'à leur nouvelle résidence. Que, s'ils sont résidants depuis plus de six mois, ils peuvent se dispenser des publications en France; celles qui sont faites au lieu de la résidence suffisent (ord. du 23 oct. 1833, art. 15).

(1) Cette décision du ministre de la guerre, rapportée par M. Hutteau d'Origny, p. 327, déroge à l'avis du conseil d'état, du 4 complém. an 13, qui assimilait les militaires aux autres particuliers pour les conditions de résidence.

Au lieu des trois publications prescrites par l'ordonnance de 1579 (art. 40), la loi du 20 septembre 1792 (tit. 4, sect. 2, art. 3) n'en exigeait qu'une seule. Le mariage pouvait être célébré huit jours après. Le code veut qu'il y ait deux publications faites le dimanche à huit jours d'intervalle, c'est-à-dire deux dimanches de suite à la porte de la mairie ou de la maison qui en tient lieu.

Dans les portions de communes où la difficulté des communications a fait établir un adjoint spécial, les publications et affiches se font à la porte de sa maison, lorsque les communications avec le chef-lieu sont interrompues (loi du 18 floréal an 10, art. 3).

A l'étranger, ces formalités s'accomplissent dans le lieu le plus apparent de la chancellerie du consulat (ord. du 23 oct. 1833, art. 14).

On peut être dispensé de la seconde publication, et ce, pour des causes graves, comme serait un voyage urgent, la mort prochaine d'un des futurs, surtout s'il y avait à légitimer des enfants issus de relations antérieures.

Aux termes d'un arrêté du 20 prairial an 11

(art. 3 et 4), les dispenses sont accordées par l'officier du ministère public, dans l'arrondissement duquel se célèbre le mariage, sur une requête que les parties lui présentent. Ce magistrat doit en rendre compte au garde-des-sceaux et faire connaître le motif qui l'a décidé à accueillir favorablement cette demande. La requête est signée par les parties et les personnes du consentement desquelles elles procèdent. Elle est rédigée sur papier timbré ; il n'est pas besoin du ministère d'un avoué pour sa rédaction et sa présentation.

En pays étrangers, les consuls peuvent accorder dispense de la seconde publication lorsqu'il n'y aura pas eu d'opposition à la première ou qu'une main-levée leur aura été représentée (ordonnance du 23 oct. 1833, art. 17).

Trois jours après la seconde publication ou la publication unique en cas de dispense (1), c'est-à-dire le mercredi, le mariage peut être célébré,

(1) M. Rieff, p. 445 et 446, soutient que dans ce dernier cas, *le mariage ne pourra être célébré avant le dimanche où la 2e publication aurait dû être faite.* Bien que

mais il doit l'être dans l'année qui suit ce troisième jour sans quoi les publications sont périmées, et il faut les renouveler.

Une disposition particulière aux militaires et employés faisant partie d'un corps d'armée hors du territoire français, veut que *les publications faites au lieu de leur dernier domicile soient mises*

cette opinion semble rigoureusement conforme au texte de la loi, qui, d'une part, ne permet la dispense que de la seconde publication, et qui de l'autre veut que la première reste affichée toute une semaine; je la crois contraire à son esprit. En effet, le but du législateur a été de faciliter les mariages dans certains cas urgents. Or, exiger que l'acte de publication demeure affiché pendant sept jours, ce serait rendre la dispense illusoire et le mariage parfois impossible. En parlant de la seconde publication, le législateur a voulu dire qu'une seule pourrait suffire, mais il n'a pas entendu et il n'a pas ajouté qu'elle devrait rester affichée une semaine entière, comme il l'a exigé quand il y a deux publications. En induira-t-on, avec M. Marcadé, (t. 1er, com. de l'art. 169, n° 2) qu'on pourrait restreindre à 24 heures le temps de l'affichage. Je ne le pense pas, car pourquoi ne pas restreindre encore le laps de temps à quelques heures seulement? Il n'y a pas de raison pour s'arrêter, pas de règle fixe, tandis qu'on en trouve une dans l'art. 64 du Code civil qui veut un délai de trois jours entre la dernière publication et le mariage. C'est ce délai qu'on observe dans la pratique en cas de dispense.

*en outre, 25 jours avant la célébration du mariage, à l'ordre du jour du corps pour les individus qui tiennent à un corps; et à celui de l'armée ou du corps d'armée, pour les officiers sans troupe et pour les employés qui en font partie (*art. 94, Code civ.*)*.

L'omission des publications ou de la publication en cas de dispenses, l'inobservation des délais prescrits entre les deux publications où entre la dernière publication et le mariage, font encourir aux parties une amende proportionnée à leur fortune, et à l'officier de l'état civil une amende de trois cents francs au plus (art. 192, C. civil).

Le fait de la publication se constate au moyen d'un acte dressé par le maire sans assistance de témoins. Cet acte doit contenir toutes les énonciations prescrites pour les actes de l'état civil en général (art. 34 du Code civ.) et de plus indiquer si les contractants sont majeurs ou mineurs; il doit relater l'heure de la publication. Il est inscrit sur un seul registre.

On en fait un extrait sur une feuille de papier au timbre de trente-cinq centimes; c'est cet extrait qu'on affiche à la porte de la mairie et qui doit y demeurer durant l'intervalle qui sépare les deux publications. Pour la seconde publication on dresse un acte semblable, mais on n'en fait pas d'extrait, la loi ne prescrivant pas de l'afficher.

L'étranger qui n'aurait qu'une résidence de six mois en France sans domicile réel, ou qui aurait encore ses parents à l'étranger, devrait, avant de se marier en France, faire faire des publications au lieu de son domicile à l'étranger et au lieu où sont domiciliés ses parents.

Elles seraient faites et constatées suivant les formes usitées dans le pays; et s'il arrivait que dans ce pays on ne fût pas dans l'usage de faire précéder le mariage de publications, elles seraient faites et affichées par le ministère d'une personne revêtue d'un caractère public dont on rapporterait l'attestation.

§ 3. — Des oppositions.

L'officier de l'état civil ne doit pas célébrer un mariage lorsqu'il sait qu'un empêchement légal s'y oppose. A plus forte raison doit-il s'arrêter, lorsqu'on lui notifie ces causes d'empêchement.

Certaines personnes ont reçu de la loi le droit de faire cette notification et de former opposition au mariage. Ces personnes se divisent en deux classes.

Dans la première sont tous les ascendants : le père d'abord, à son défaut la mère, à défaut des père et mère, les aïeuls et aïeules. Ils ont ce droit, quel que soit l'âge des futurs époux. Ils peuvent l'exercer sans énoncer de motifs, et sans jamais encourir de dommages et intérêts, lorsque l'opposition est dénuée de fondements et rejetée par les tribunaux. Dans ce cas, les frais de l'opposition et de l'instance en main-levée sont compensés, c'est-à-dire partagés et mis pour moitié seulement à la charge des opposants (art. 131 du Code de proc.).

Dans la seconde classe sont : 1° la personne qui se prétendrait mariée avec l'un des contractants. Celle qui n'aurait qu'une promesse écrite de mariage, quelque solennelle que fût cette promesse, ne pourrait s'en prévaloir pour arrêter le mariage ;

elle pourrait seulement demander des dommages-intérêts aux termes de l'art. 1382 du Code civil.

2° A défaut d'ascendants, les frères, sœurs, oncles, tantes, cousins-germains et cousines-germaines, pourvu qu'ils soient majeurs. Leur opposition ne peut se baser que sur le défaut de consentement du conseil de famille, quand il s'agit du mariage d'un mineur, ou sur l'état de démence du futur époux. Dans cette dernière hypothèse, elle n'est reçue qu'à la charge, par l'opposant, de provoquer l'interdiction et d'y faire statuer dans un délai fixé par le tribunal.

3° Les tuteurs et curateurs dans les mêmes circonstances que les frères et sœurs, et avec cette condition de plus qu'ils doivent se munir d'une autorisation du conseil de famille; je crois cependant que cette restriction ne serait pas imposée au tuteur de l'interdit, et qu'il n'aurait pour justifier son opposition qu'à représenter le jugement d'interdiction.

Si ces personnes succombent dans leur opposition, elles peuvent être condamnées à tout ou partie des dépens et à des dommages et intérêts (art. 131 du Code de proc. civ. et 1382, C. civil).

Bien que la loi n'en dise rien, on reconnaît généralement au ministère public le droit de former opposition au mariage, au moins dans les cas où d'après l'art. 184 du Code civil il aurait le droit d'en demander la nullité.

L'opposition se forme par acte d'huissier contenant, outre les formalités prescrites pour les exploits en général (art. 59, C. pr. civ.), énonciation de la qualité qui donne au requérant le droit d'agir, élection de domicile dans le lieu ou dans une des localités où le mariage devra être célébré, et les motifs de l'opposition lorsqu'elle émane de tout autre que d'un ascendant.

L'omission de ces formalités entraîne la nullité de l'acte et l'interdiction de l'huissier qui l'a signifié (art. 176 du C. civ.).

L'acte d'opposition est signé, sur l'original et sur la copie, par ceux au nom de qui il est fait, et s'ils ne peuvent ou ne savent signer, par leur fondé de pouvoir, muni d'une procuration notariée et spéciale pour cet objet. Il est signifié avec la copie de la procuration, quand il y en a une, aux parties et à l'officier de l'état civil de la commune, ou de l'une des communes où le mariage doit être célébré.

L'huissier qui signifierait un acte non signé des opposants ou de leur mandataire, ferait un acte sans valeur et pourrait même, suivant les circonstances, être passible de dommages et intérêts envers les personnes dont il a empêché le mariage.

On s'accorde même à regarder comme nul l'acte qui ne serait pas signifié à la fois aux parties et à l'officier de l'état civil.

Ce dernier doit sans délai inscrire à sa date, sur le registre des publications, un procès-verbal constatant sommairement l'opposition dont la copie est annexée au registre. Ce procès-verbal est signé par lui.

L'opposition faite arrête la célébration. L'officier de l'état civil n'est pas juge du mérite de l'acte qu'on lui notifie. Fût-il nul en la forme, fût-il fait au nom d'une personne sans qualité, il ne peut *dans aucun cas* passer outre à peine de

300 francs d'amende et de tous dommages et intérêts. (1)

C'est à la partie contre qui l'opposition est formée à en demander main-levée, soit devant le tribunal du domicile de l'opposant, soit devant celui du domicile élu par ce dernier dans son acte d'opposition.

Les lenteurs de la procédure ordinaire ont été écartées. Le tribunal et la cour saisis de la demande doivent statuer dans les dix jours. Ce délai n'est que comminatoire; il n'y aurait pas nullité si une décision judiciaire n'intervenait pas dans les dix jours. Mais c'est une nature d'affaires qui requiert célérité et dans lesquelles on peut obtenir l'abréviation des délais d'assignation et l'appel immédiat de la cause à l'audience, sans subir les lenteurs du rôle ordinaire.

L'opposition soulève une question d'état, de capacité de la personne dont on veut empêcher le mariage, par conséquent le ministère public

(1) Telle est l'opinion émise par M. Chabot, lors de la discussion du Code. V. Locré, t. 2, p. 235, n° 49.

doit être entendu. A ce titre également c'est une affaire d'une valeur indéterminée qui peut subir les deux degrés de juridiction. L'appel est donc toujours possible des décisions rendues en première instance.

L'appel est suspensif (art 457, 1er alin., C. proc. civ.). On ne peut donc exécuter le jugement de première instance frappé d'appel. On ne le peut pas davantage pendant les huit jours qui suivent la prononciation du jugement (art. 450, C. proc. civ.).

Le jugement ne peut pas être déclaré exécutoire par provision. Ce que j'ai dit de l'appel, je le dirai aussi du jugement par défaut auquel on a formé opposition. L'exécution du jugement est suspendue jusqu'à ce que le tribunal ait statué sur l'opposition (art. 159, C. proc. civ.).

Elle l'est également pendant les huit jours qui suivent la signification de ce jugement non encore frappé d'opposition (art. 155 ibid.) (1).

(1) C'est une question controversée que celle de savoir si l'on peut exécuter un jugement qui prononce main-

Le pourvoi en cassation n'empêcherait pas

levée d'une opposition à mariage pendant les délais de l'appel et de l'opposition. Quand le jugement s'exécute contre la partie condamnée, il peut l'être pendant ces délais, après l'expiration de la huitaine dont nous avons parlé ci-dessus. Pour qu'il en fût différemment lorsque le jugement s'exécute contre un tiers, il faudrait à cette règle une exception formulée par un texte précis. Cette exception ne me paraît pas résulter des art. 164 et 548 du Code de procédure civile, dont les termes supposent au contraire l'application aux cas qu'ils prévoient de la règle générale en matière d'exécution de jugements. L'art 2157 du Code civil est fait pour un cas particulier, celui d'une inscription hypothécaire dont la radiation serait ordonnée. L'inscription n'est qu'un acte conservatoire qu'on peut laisser subsister la plupart du temps sans inconvénient, tandis qu'il serait souvent très préjudiciable de ne pouvoir exécuter pendant les délais d'opposition et d'appel un jugement qui prononce la main-levée d'une opposition à mariage. Je ne vois donc pas d'analogie entre les deux cas, et je comprends que le législateur ait tracé pour l'un et pour l'autre des règles différentes. V dans ce sens Carré, t. 4, n° 1906; Boucenne, t. 3, p. 139, M. Pigeau, proc. civ. V. hypoth. § 11, n° 6, et lettre du garde des sceaux du 14 therm. an 13, citée par M Hutteau d'Origny, p 322, ainsi que deux arrêts cités par MM. Carré et Chauveau, l'un de la cour de Turin du 16 juillet 1809, l'autre de la cour de Paris, du 14 avr. 1829.

V. en sens contraire M Chauveau sur Carré (*loc cit.*) Boitard, t. 3, p. 347, et un arrêt de Paris du 14 mai 1808 également cité par M. Carré (*loc. cit.*).

d'exécuter le jugement ou l'arrêt. Ainsi, le mariage pourrait être célébré en vertu d'un arrêt prononçant main-levée d'opposition, bien que cet arrêt fût frappé d'un pourvoi en cassation.

L'opposition rejetée peut faire condamner les opposants autres que les ascendants et le ministère public à des dommages et intérêts.

Elle peut être renouvelée quand elle se base sur une autre cause ou lorsquelle a été annulée pour vice de forme.

La main-levée de l'opposition peut être donnée spontanément par l'opposant, soit par acte notarié, soit par acte d'huissier.

L'expédition du jugement ou l'acte de main-levée sont remis à l'officier de l'état civil, ou bien l'exploit d'huissier lui est notifié, et ces expéditions ou copies d'exploit sont par lui mentionnées en marge du procès-verbal destiné à constater les oppositions et annexées au registre des publications.

§ 4. — Des pièces à produire.

Pour établir qu'ils réunissent les conditions requises, les futurs époux doivent produire à l'officier de l'état civil différentes pièces dont je vais donner l'énumération.

1° *Actes de naissance.* — Chacun d'eux remet d'abord son acte de naissance, afin de faire connaître son âge et ses parents. On verra de suite s'il a l'âge voulu pour se marier, s'il n'existe pas avec son futur conjoint des empêchements venant de l'alliance ou de la parenté. On verra également s'il a besoin du consentement de ses ascendants ou seulement de leur conseil. L'extrait de l'acte devant être joint aux autres pièces est indispensable; il ne suffirait pas de représenter le registre sur lequel l'acte est inscrit;

2° *Actes de notoriété.* — S'il y avait impossibilité, pour une des parties, de se procurer son acte de naissance, soit parce qu'il a été omis ou que les registres sont perdus, soit parce que la feuille sur laquelle il était inscrit a été enlevée, il n'y a pas besoin d'une décision judiciaire pour le remplacer : il suffit d'un acte de notoriété dressé par le juge de paix du lieu de la naissance ou du domicile de la partie. Les actes de notoriété ne sont que des déclarations faites devant un officier public par des personnes qui attestent la vérité d'un fait. Celui que rédige le juge de paix, pour suppléer à l'acte de naissance, est fait sur la déclaration de sept témoins de l'un ou de l'autre sexe parents ou non parents. Il doit contenir l'indication des prénoms, nom, profession et domicile du futur époux et ceux de ses père et mère, s'ils sont connus, la désignation du lieu et de l'époque présumée de sa naissance et les causes qui empêchent d'en rapporter l'acte.

Le juge de paix et les témoins le signent, et mention est faite de la cause qui empêcherait quelques-uns de ces derniers d'y apposer leur signature.

Cette espèce d'enquête faite par le juge de paix est soumise à l'examen du tribunal de première instance du lieu où doit se célébrer le mariage. A cet effet, une requête signée d'un avoué est jointe à l'expédition de l'acte de notoriété. Ces deux pièces sont remises au président du tribunal, qui rend, en marge de la requête, une ordonnance par laquelle il prescrit la communication des pièces au ministère public et commet un juge pour faire un rapport, à jour indiqué. Le ministère public met ses conclusions très sommairement au bas de l'ordonnance, et c'est à la suite de ces conclusions qu'est rédigé le jugement du tribunal, sur la feuille où se trouve la requête, feuille qui est disposée au greffe pour servir de minute (art. 885 et 886, C. pr. et 78, § ult. tarif civ. du 16 fév. 1807).

Les personnes qui auraient intérêt à s'opposer à l'homologation, c'est-à-dire à l'approbation de l'acte de notoriété, pourraient intervenir, et la contestation s'instruirait et se jugerait contradictoirement suivant les formes ordinaires, toujours sur les conclusions du ministère public.

Le jugement sur l'homologation est sujet à appel, soit de la part du futur époux, si l'homologation lui est refusée, soit de la part de l'intervenant qui succombe dans son intervention. Dans ce dernier cas, l'appel est suspensif, et l'on ne peut se servir de l'acte homologué qu'autant qu'une décision définitive en appel a confirmé celle de première instance.

Si l'homologation était refusée pour insuffisance

des déclarations de témoins, on pourrait dresser un autre acte qu'on soumettrait encore à l'approbation de la justice.

On remet à l'officier de l'état civil l'expédition de l'acte de notoriété et celle du jugement ou de l'arrêt qui l'a homologué.

3° *Consentement des ascendants et autres.* — Les ascendants donnent leur consentement de vive voix, lorsqu'il sont présents à la célébration et en état de manifester leur volonté. S'ils sont absents, ils peuvent se faire représenter par un fondé de procuration spéciale et authentique, chargé de consentir pour eux. Ils ont aussi la faculté de donner leur consentement par acte notarié. Dans ces deux hypothèses, l'expédition de la procuration, ou de l'acte relatant le consentement, doit être remise à l'officier de l'état civil. Le refus de consentement de la part de la mère ou de l'aïeule est constaté par l'officier de l'état civil dans l'acte de mariage, si elles y assistent, et par acte notarié, dans la forme des actes respectueux, lorsqu'elles ne s'y présentent pas.

Les trois actes respectueux qui ont dû être

faits par le fils âgé de plus de 25 ans et par la la fille âgée de plus de 21 ans, doivent également être produits. Il en est de même de l'acte respectueux unique, prescrit aux fils après trente ans et aux filles après 25 ans.

Lorsque les père et mère sont morts, leur décès se constate au moyen d'extraits du registre à ce destiné. Cependant, quand les aïeuls et aïeules existent encore et viennent attester ce décès, il n'est pas nécessaire de fournir ces extraits; il suffit de mentionner leur attestation dans l'acte de mariage (avis du cons. d'état du 4 therm. an 13).

Des extraits servent également à constater le décès des aïeuls et aïeules. Mais si, dans l'ignorance où l'on est de leur dernier domicile, on ne peut se procurer l'acte de leur décès, il est procédé à la célébration du mariage des mineurs comme de celui des majeurs sur leur déclaration, affirmée par serment, que le lieu du décès et celui du dernier domicile de leur ascendant leur sont inconnus. Cette déclaration doit être certifiée aussi par le serment des quatre témoins du mariage (même avis du cons. d'état).

Il est bon de faire observer que le serment doit être exigé aussi bien des parties que des témoins, et doit porter non sur le fait du décès, mais sur le lieu de ce décès et le dernier domicile.

Enfin, quand le lieu du décès ou le dernier domicile sont connus, il faut demander l'acte de décès et ne pas employer, comme cela se fait dans quelques localités, les formes prescrites par l'avis du conseil d'état.

Les actes à produire en cas d'absence du père, de la mère ou de l'un des aïeux ou aïeules, sont : le jugement déclaratif d'absence ou tout au moins le jugement qui ordonne l'enquête, ou bien encore un acte de notoriété dressé sur la déclaration de quatre témoins, par le juge de paix du lieu où l'ascendant a eu son dernier domicile connu.

Que si tous les ascendants sont en état d'absence et qu'on ne puisse en avoir la preuve, parce qu'on ne connaît pas leur dernier domicile, on se contente de la déclaration avec serment des futurs époux et des témoins, conformément aux dispositions de l'avis du conseil d'état du 4 th. an 13.

L'interdiction d'un des ascendants s'établit par l'expédition du jugement qui la prononce, ou par un extrait de l'arrêt de condamnation à une peine afflictive infamante. La folie ou la démence de celui qui ne serait pas interdit pourrait s'établir par un acte de notoriété (1) dressé par le juge de paix du lieu de son domicile, sur la déclaration de

(1) On ne peut exiger, dans tous les cas, un jugement d'interdiction ; outre qu'il y a des gens qui ne pourraient pas en payer les frais, il y a telle circonstance où le mariage ne peut être différé et où l'on n'aurait pas le temps d'attendre que l'interdiction fût prononcée par les tribunaux ; il y a souvent aussi des personnes qui redoutent de révéler à l'audience d'un tribunal l'état de démence de leur auteur. Enfin, il y a quelquefois des folies momentanées : une maladie peut produire un état de délire qui prive pendant un temps une personne du libre exercice de ses facultés mentales ; et cependant ce n'est pas un état permanent qui permette de prononcer l'interdiction de cette personne.

L'officier de l'état civil ferait bien, dans tous les cas, de consulter le procureur de la République, et si ce magistrat prescrivait la production d'un jugement d'interdiction, ce jugement, ainsi que tous les actes de procédure, serait dispensé des droits de greffe, de timbre et d'enregistrement, s'il concernait des personnes indigentes, aux termes de l'art. 8 de la loi du 3 juillet 1846. L'indigence s'établirait dans la forme prescrite par l'ord. du 30 déc. 1846 (v. infr. p. 107).

quatre témoins (arg. de l'art. 155 du C. civ. par analogie). Il serait bon parmi les témoins d'entendre un médecin, mais un simple certificat de celui-ci ne suffirait pas et ne dispenserait pas de l'acte de notoriété. Je crois cependant que quand il s'agit d'un individu placé dans une maison d'aliénés, le certificat du directeur de l'établissement ou l'extrait des registres qu'il doit tenir sur chaque individu placé dans son établissement, pourrait suffire. Il serait bon que ce certificat fût visé, soit par le préfet qui a la haute main sur ces établissements départementaux, soit par le président du tribunal, le procureur de la République, le juge de paix ou le maire de la localité qui en ont aussi la surveillance (art. 4, l. du 30 juin 1838).

Le consentement du conseil de famille exigé en cas de mort des ascendants, ou, lorsque ceux-ci sont dans l'impossibilité légalement constatée de manifester leur volonté, est consigné dans une délibération dont il doit être remis une expédition à l'officier de l'état civil. Si la décision du conseil de famille a été attaquée et modifiée par une décision judiciaire il faut y joindre l'expédition en règle de cette décision.

Pour les enfants trouvés, les membres composant le conseil d'administration de l'hospice où ces enfants ont été déposés, donnent leur consentement par écrit sur une feuille au timbre de 35 c.

Le tuteur *ad hoc* de l'enfant naturel non reconnu, ou de celui qui ayant été reconnu a perdu ses père et mère, donne comme ceux-ci son consentement de vive voix, par mandataire ou par acte notarié.

L'officier de l'état civil, qui ne s'est point assuré de l'existence de ce consentement, est passible d'une amende de seize francs à 300 francs et d'un emprisonnement de six mois à un an. Le défaut d'actes respectueux entraîne aussi contre lui une amende qui peut aller à 300 francs et un emprisonnement qui peut être d'un mois sans minimum déterminé. (art. 193, C. pén. et 157 du C. civ.).

4° *Acte de décès d'un premier conjoint.* — Si l'un des époux déjà a été marié, il doit justifier, au moyen de l'acte de décès de son premier conjoint, qu'il est libre de contracter une nouvelle union. Si ce premier mariage s'est dissout par la mort civile de l'un des époux ou s'il a été annulé par les tribunaux, celui qui veut se remarier doit présenter l'arrêt de condamnation du premier conjoint à une peine emportant mort civile (art. 23, C. civ. et 18, C. pén.), ou l'expédition des jugement ou arrêt d'annulation de ce mariage.

5° *Autorisation des chefs militaires.* — Il faut produire la permission du ministre de la guerre ou de celui de la marine pour les officiers de toutes armes des armées de terre et de mer, et la permission émanée du conseil d'administration pour les sous-officiers et soldats, ou bien celle du capitaine commandant approuvée par le colonel, quand il s'agit de gendarmes ou de sous-officiers de gendarmerie.

Enfin, il faut celle du général commandant le département quand il s'agit de jeunes soldats non encore incorporés, mais seulement immatriculés, ou de ceux faisant partie de la réserve, ou bien encore de soldats en congé d'un an ou en congé illimité. Quand ce sont des marins en activité de service ou en congé, ils doivent être munis de l'autorisation du conseil d'administration, et si étant en congé ils ont commencé leur dernière année de service, ils doivent produire celle du général commandant la division dans laquelle ils résident.

Ces autorisations sont demandées par l'entremise des maires aux préfets qui les transmettent aux maréchaux-de-camp, lesquels à leur tour les font parvenir, quand il y a lieu au général commandant la division.

Quand des individus ayant été militaires veulent se marier, l'officier de l'état civil doit exiger la présentation du congé de libération pour les soldats et sous-officiers, et pour les officiers de l'acte qui liquide leur retraite ou leur traitement de réforme.

6° *Publications.* — Il faut remettre à l'officier de l'état civil, qui a déjà entre mains l'extrait du registre des publications affiché dans sa commune, pareil extrait de celles qui ont été faites et affichées dans les autres communes, avec un certificat délivré par l'officier de l'état civil de chacune d'elles constatant qu'il n'existe pas d'opposition. Ce certificat est fait sur papier au timbre de 35 centimes; il est de plus légalisé par le président du tribunal, lorsqu'il est destiné à être produit dans un autre arrondissement.

S'il est survenu une opposition, il est nécessaire de présenter une expédition des actes ou jugements de main-levée.

7° *Dispenses.* — On présente une ampliation de la décision qui les accorde, et lorsqu'il s'agit d'une dispense de deuxième publication, c'est la requête elle-même en marge de laquelle se trouve la dispense qu'on donne à l'officier de l'état civil.

8° *Certificat spécial pour les étrangers.* — Une circulaire du ministre de la justice du 4 mars 1831 prescrit d'exiger, de tout étranger non naturalisé, un certificat émané des autorités de son pays (1) constatant que, d'après les lois de sa nation, il est apte à contracter mariage en France avec la personne qu'il se propose d'épouser.

Il est bon de faire observer que les pièces ve-

(1) Du lieu de sa naissance ou de son dernier domicile dans sa patrie.

nant de l'étranger doivent être légalisées par l'ambassadeur ou le chargé d'affaires de France dans le pays d'où elles viennent, et qu'elles doivent, avant leur production, être visées pour timbre ou timbrées à l'extraordinaire. (1)

9° *Lorsqu'il y a lieu à légitimation.* — Il faut avoir les extraits d'actes de naissance des enfants à légitimer, et les extraits ou expéditions des actes de reconnaissance lorsque ces enfants ont été reconnus avant le mariage.

Toutes les pièces dont la production est requise doivent être paraphées et annexées conformément aux prescriptions de l'art. 44 du C. civil.

Les frais de ces pièces sont payés par les contractants qui les produisent, à moins qu'ils ne soient indigents, cas auquel la loi du 3 juillet 1846 (art. 8) les dispense de tous droits d'enregistrement de timbre et de greffe au profit du trésor. Ceux qui veulent user du bénéfice de cette loi

(1) Pour obtenir ces pièces, les étrangers doivent s'adresser au chargé d'affaires de leur nation résidant à Paris, et non au ministre des affaires étrangères (circ. du min. de la just. du 18 juillet 1849).

doivent produire : 1° un certificat du percepteur constatant quelles ne sont point imposées, ou un extrait du rôle des contributions constatant qu'elles paient moins de 10 francs d'impôts; 2° un certificat d'indigence délivré par le commissaire de police ou par le maire dans les communes où il n'y a pas de commissaire de police et visé par le sous-préfet.

Il est fait mention dans les actes, extraits ou expéditions, de leur destination, sans qu'on puisse les employer à autre chose qu'au mariage ou à la légitimation des enfants, à peine d'encourir les amendes prononcées contre ceux qui se servent d'actes non enregistrés ou faits sur papier non timbré (ord. du 30 décembre 1846).

La loi du 3 juillet ne dispense pas du paiement des droits autres que ceux ci-dessus mentionnés qui peuvent être dûs pour ces actes.

Néanmoins, il est d'usage que les greffiers et les officiers ministériels fassent l'abandon des émoluments qui leur sont accordés, lorsque les actes qu'ils font ou les extraits et expéditions qu'ils délivrent concernent des indigents.

§ 5. — De la célébration.

Le mariage doit être célébré publiquement, dans la commune où l'un des contractants a son domicile, ou tout au moins une résidence de six mois. Ils peuvent choisir le lieu de leur domicile, celui où ils ont transporté leur principal établissement, bien qu'ils n'y aient pas encore résidé six mois.

Les divers éléments de la publicité sont : les publications qui précèdent le mariage et dont j'ai parlé au § 2 de ce chapitre, la célébration dans la maison commune ou dans celle qui en tient lieu, la présence des témoins, le libre accès qu'on laisse au public.

La célébration peut quelquefois avoir lieu ailleurs qu'à la mairie. Ainsi, d'après la loi du 18 floréal an 10 (art. 3), dans les portions des communes ou un adjoint spécial est investi des fonctions d'officier de l'état civil, les mariages se font dans la demeure de l'adjoint, laquelle tient lieu de maison commune.

Dans les mariages *in extremis*, l'officier de l'état civil peut se transporter chez le malade, et prononcer l'union des époux au chevet de son lit. Dans l'un et l'autre cas, les portes doivent être ouvertes et l'on doit laisser un libre accès au public.

Le défaut de publicité et le fait de la célébration devant un officier de l'état civil incompétent, entraînent une amende de 300 francs au plus contre celui qui a célébré le mariage, et contre les parties une amende proportionnée à leur fortune.

Le jour de la célébration est indiqué par les parties; l'heure est fixée par l'officier de l'état civil (1). Ce dernier, après s'être fait remettre les pièces dont la production est exigée, en donne lecture aux parties et aux quatre témoins mâles et majeurs dont elles doivent être assistées. Les contractants ne peuvent se faire représenter par un fondé de pouvoirs. Les ascendants, le tuteur *ad hoc* peuvent charger un mandataire de consentir pour eux.

(1) Peu importe que ce soit un jour férié ou non férié; quant à l'heure, on est dans l'usage de choisir dans le jour; la célébration de nuit pourrait n'avoir pas toute la publicité voulue.

Le tuteur ordinaire n'a pas besoin de paraître au mariage ; ce n'est pas lui qui a mission de donner un consentement, c'est le conseil de famille, et il le donne toujours par écrit.

L'officier de l'état civil interroge, le cas échéant, les personnes présentes et dont le consentement ou le conseil est requis afin de savoir si elles approuvent le mariage. Il donne ensuite lecture aux assistants du chapitre 6 du titre du mariage (C. civ.) sur les droits et devoirs respectifs des époux.

Il interpelle (1) les futurs époux, ainsi que les personnes qui autorisent le mariage, si elles sont présentes, d'avoir à déclarer s'il a été fait un contrat de mariage, et, dans le cas de l'affirmative, la date de ce contrat, ainsi que les noms et lieu de résidence du notaire qui l'aura reçu (l. du 10 juillet 1850 modifiant l'art 75 du C. civil).

Il demande à chacun des futurs époux séparément s'ils veulent se prendre pour mari et femme, et sur leur réponse séparée et affirmative, il pro-

(1) Ce n'est qu'à partir du 1er janvier 1851 que cette interpellation devra être faite lors des mariages.

nonce *au nom de la loi qu'elles sont unies par mariage.* Ces expressions sont sacramentelles, c'est le prononcé de l'union qui lie les époux l'un à l'autre. De ce moment leur consentement devient irrévocable (1). L'acte qui en est dressé ne sert que pour la preuve. Dès-lors le refus de signature de l'acte, lorsque le consentement a été régulièrement donné, ne peut avoir aucune conséquence (2).

Les mariages contractés à l'étranger entre français sont célébrés, conformément aux lois françaises, devant un agent diplomatique ou un consul de notre nation, ou bien, suivant les formes usitées dans le pays, devant un officier de l'état civil étranger. Ce dernier mode de célébration est le seul possible quand un français épouse une étrangère ou une française un étranger.

Les militaires et employés faisant partie d'un corps de troupes hors du territoire français peuvent se marier devant l'officier qui est chargé de

(1) Arrêt de cassation du 22 avr. 1833, S. 33-1-645.

(2) Arrêt de la cour de Montpellier du 4 février 1830, S. 40-2-160.

la tenue des registres de l'état civil. Cette règle s'applique aux portions de l'Algérie exclusivement soumises au régime militaire.

Les ministres du culte ne peuvent donner la bénédiction nuptiale qu'à ceux qui justifient d'un certificat constatant la célébration du mariage. Ce certificat est délivré par l'officier de l'état civil sur papier libre (1). Il énonce que tel jour, à telle heure, l'officier de l'état civil a prononcé l'union de telle personne avec telle autre; il porte le cachet de la mairie.

Le ministre contrevenant serait puni, pour la première fois d'une amende de 16 à 100 francs, pour la deuxième d'un emprisonnement de 2 à 5 ans, et pour la troisième de la détention (art. 199 et 200 du Code pénal).

§ 6. — De l'acte de mariage et des énonciations qu'il doit contenir.

L'officier de l'état civil, après avoir célébré un

(1) Aux termes des circ. min. des 19 mai 1821 et 7 juin 1832 qui ont dérogé au décret du 9 déc. 1810, lequel prescrivait de faire ce certificat sur papier timbré.

mariage, doit en dresser acte sur-le-champ. Il ne peut se contenter de prendre de simples notes et de rédiger l'acte après coup. Le meilleur est de se faire donner à l'avance toutes les pièces et renseignements, au vu desquels on dresse l'acte, et quand les parties se présentent assistées de leurs témoins, on n'a plus qu'à leur en donner lecture et à le leur faire signer.

L'acte de mariage est dressé en forme de procès-verbal, daté des jour, mois et an; indiquant l'heure de sa rédaction, ainsi que les prénoms, noms, âge, profession et domicile de tous ceux qui y sont dénommés.

Indépendamment de ces énonciations communes à tous les actes de l'état civil (v. ci-dessus chap. 4), Cet acte indique spécialement.

Relativement aux contractants, en quel lieu chacun d'eux est né, s'il est majeur ou mineur (quant au mariage) (1).

(1) Sont réputés mineurs quant au mariage, ceux qui ont besoin pour se marier, du *consentement* de leurs ascendants. Cette minorité, pour les hommes, se prolonge jusqu'à 25 ans.

Relativement aux ascendants ou autres personnes dont le consentement ou le conseil est requis, si leur consentement a été donné, s'il a été fait des actes respectueux.

Par rapport aux publications, dans quelles communes elles ont été faites, s'il y a eu dispense de la seconde, si elles ont été ou n'ont pas été suivies d'opposition, et dans le cas où il en est survenu, comment elles ont été levées.

Touchant l'interpellation qui doit être faite aux époux et aux personnes qui autorisent le mariage, conformément aux prescriptions de l'art. 75 du Code civil modifié par la loi du 10 juillet 1850, la déclaration faite sur cette interpellation qu'il a été ou qu'il n'a pas été fait de contrat de mariage, et autant que possible la date du contrat, s'il existe, ainsi que les noms et lieu de résidence du notaire qui l'aura reçu (1), le tout à peine, contre l'officier de l'état civil rédacteur de l'acte, de l'amende fixée par l'art. 50 (C. civ.).

(1) Cette mention n'est exigée qu'à partir du 1er janvier 1851.

Au sujet de la célébration, que les époux répondant séparément aux interpellations de l'officier de l'état civil ont déclaré se prendre pour mari et femme, et que ce fonctionnaire a prononcé au nom de la loi qu'ils étaient unis en mariage.

Et en ce qui concerne les témoins, s'ils sont parents ou alliés des contractants, de quel côté et à quel degré.

Il doit être fait mention des pièces dont la production est exigée, telles qu'actes de naissance ou de notoriété, actes de consentement ou de décès des père et mère, actes respectueux, extraits de publication, certificats de non-opposition, jugements ou actes de main-levée, dispenses, certificat spécial pour les étrangers, permission par écrit des chefs militaires, actes de naissance ou de reconnaissance d'enfants.

Il doit aussi être fait mention de la lecture donnée aux assistants de toutes ces pièces, ainsi que du chap. 6, tit. 5, du Code civ. sur les droits et les devoirs respectifs des époux.

Enfin, l'acte est signé, tant par l'officier de l'état civil et les époux, que par les personnes dont le consentement ou le conseil est requis et par les quatre témoins. Mention est faite de la cause qui empêcherait les parties ou les témoins de signer. Toute signature autre que celle des personnes ci-dessus désignées est inutile et ne doit pas figurer à la suite de l'acte.

L'officier de l'état civil, qui n'énoncerait pas dans l'acte de mariage le consentement des ascendants ou celui de la famille dans le cas où il est requis, serait, à raison de cette seule omission, passible d'une amende qui peut s'élever à 300 francs et d'un emprisonnement qui ne peut être moindre de six mois (art. 156, C. civ.) (1).

Outre ces mentions, il en est d'autres qui doivent être faites dans des cas spéciaux. Ainsi, lorsque deux personnes, non parentes au degré prohibé et libres de tous engagements, ont eu des

(1) Il me semble bien rigoureux d'infliger une peine aussi sévère pour une simple omission, et je crois qu'on hésiterait à en faire l'application aux officiers de l'état civil, s'il était démontré qu'en fait le consentement a été donné, bien qu'il n'en soit rien dit dans l'acte.

relations antérieurement au mariage et veulent légitimer les enfants issus de ces relations, la déclaration qu'elles font de leur volonté à cet égard, doit être consignée dans l'acte de mariage. Une reconnaissance ultérieure ne permettrait plus de donner aux enfants la qualité de légitimes ; elle les laisserait dans la classe des enfants naturels.

Lorsque les père et mère sont morts et les aïeux encore vivants, l'attestation de ce décès, faite par les aïeux, est relatée dans l'acte de mariage.

Si tous les ascendants sont décédés ou absents, l'officier de l'état civil doit inscrire la déclaration faite, avec serment, par les quatre témoins du mariage, concernant le fait du décès ou la disparition de ces mêmes ascendants, et l'ignorance où ils sont du lieu de ces décès et de leur dernier domicile.

Enfin, d'après les prescriptions de l'avis du conseil d'état du 30 mars 1808, si le nom de l'un des futurs n'est pas orthographié dans son acte de naissance comme celui de son père, son identité est attestée, pour les mineurs, par les père et mère et autres ascendants, le tuteur *ad hoc* ou le conseil de famille ; et pour les majeurs, par les quatre témoins du mariage. Cette attestation, donnée de vive voix par ces derniers et par les ascendants assistants à la célébration, ou par écrit dans l'acte emportant consentement, ou dans la délibération de famille, est consignée dans l'acte de mariage. On y mentionne aussi la déclaration des mêmes personnes, prescrite par le même avis du conseil d'état, pour suppléer à l'omission d'une lettre (dans le nom) ou d'un prénom dans l'acte de décès des ascendants.

Le mariage des français à l'étranger peut être célébré devant un agent diplomatique ou un consul, ou bien devant l'officier de l'état civil étranger. Dans le premier cas, le rédacteur de l'acte doit envoyer immédiatement une expédition au ministre des affaires étrangères, qui la fait parvenir à l'officier de l'état civil du domicile de chaque partie (Ord. du 23 oct. 1833, art. 2, et circ. du min. des aff. étrang. du 8 août 1814). Celui-ci transcrit l'acte sur ses registres à la date de sa réception. Si cet envoi n'a pas été fait, ou si le mariage a été célébré devant un officier de l'état civil étranger, la transcription doit avoir lieu dans les trois mois du retour du français en France. Ce délai de trois mois est de rigueur; en le laissant expirer on ne pourrait plus faire opérer la transcription qu'en vertu d'un jugement (avis du comité de législation du 24 mars 1819 et lettre du garde des sceaux à l'un des maires de Paris du 7 mai 1822). Si le français rentrant en France prenait un domicile autre que celui qu'il avait lorsqu'il en est sorti, il devrait faire faire la transcription à ce nouveau domicile en même temps qu'à l'ancien (lettre du garde des sceaux à l'un des maires de Paris, du 7 mai 1822).

Enfin, lorsqu'un mariage a été célébré dans un corps d'armée hors du royaume ou dans une portion de l'Algérie soumise au régime militaire, l'officier chargé de la tenue des registres, doit envoyer une expédition de l'acte à l'officier de l'état civil du dernier domicile des époux. Cette expédition est transcrite sur les registres des mariages et y demeure annexée.

CHAPITRE VIII.

DES ACTES DE DÉCÈS.

§ 1er. — Des actes de décès dans les cas ordinaires.

Lorsqu'une personne meurt à son domicile, son décès doit être déclaré par deux de ses plus proches parents ou voisins. Si elle meurt chez un tiers, la déclaration doit être faite par celui chez qui elle est décédée, accompagné d'un parent ou de toute autre personne. Ces déclarants ayant en même temps la qualité de témoins doivent être majeurs et du sexe masculin, à moins qu'il ne s'agisse de la personne chez laquelle le décès a eu lieu. Sa déclaration est exigée dans tous les cas, quel que soit son âge ou son sexe.

Il n'y a pas de temps fixé pour faire cette déclaration. Le législateur a pensé que les parents, les voisins ou la personne chez qui le décès a eu lieu, se trouvant dans la nécessité de faire procéder à l'inhumation dans un bref délai, et cett inhumation ne pouvant avoir lieu sans une autorisation de l'officier de l'état civil, celui-ci ne pouvait manquer d'en avoir connaissance.

L'autorisation est formulée sur papier libre et n'est pas sujette au droit d'enregistrement. Avant de la donner, l'officier de l'état civil doit se transporter auprès de la personne décédée afin de s'assurer de la réalité du décès.

Il est peu d'officiers de l'état civil qui fassent cette vérification. C'est une triste et pénible mission qui rebute la plupart d'entre eux et que, du reste, il leur serait difficile d'accomplir dans bien des communes, soit à cause du nombre de la population, soit à raison de l'étendue du territoire. Cette omission de la part de l'officier de l'état civil peut avoir des conséquences graves. Elle l'expose d'abord à inscrire le décès supposé d'une personne qui existe toujours; elle prive la justice d'indices qui eussent pu la mettre sur la trace d'un crime; enfin, elle peut être cause d'un affreux malheur, celui de l'enterrement d'une personne en léthargie. Je sais que sur ces deux derniers points, la vérification d'un médecin serait plus efficace que celle de l'officier de l'état civil. Aussi est-il à désirer que des modifications soient apportées à cette disposition du Code, mais tant que ces modifications ne seront pas faites, les officiers de l'état civil doivent, à peine de manquer à leur devoir, se conformer aux prescriptions de la loi (1).

L'inhumation a lieu 24 heures après le décès, au plus tôt, à moins qu'on ne se trouve dans un cas où il y aurait danger à attendre aussi longtemps, par ex. dans le cas de putréfaction du corps ou de maladie contagieuse.

Le lieu et le mode des inhumations ont été réglés par un décret du 23 prairial an 12.

(1) L'importance de la mesure et la désuétude presque complète où elle est tombée, appellent sérieusement l'attention des législateurs. A Paris et dans bien des villes on a confié à des médecins le soin de vérifier les décès. Dans d'autres, ce sont des agents subalternes, agents de police, appariteurs, employés de la mairie qui en sont chargés. — Il serait à désirer que la mesure adoptée pour Paris fût généralisée et étendue à toutes les localités où il y a des médecins ou officiers de santé, et que dans les autres, on commissionnât des personnes chargées spécialement, moyennant une rétribution, de la mission que les maires ne remplissent pas.

Un autre décret du 4 thermidor an 13 défend, sous peine de poursuites aux maires et adjoints, de souffrir les transports, présentation, dépôt, inhumation des corps, ni l'ouverture des lieux de sépulture ; aux fabriques d'églises ou consistoires, ou autres ayant-droit de faire les fournitures requises pour les funérailles, de livrer lesdites fournitures ; aux ministres des cultes catholiques ou protestants de faire la levée des corps ou de les accompagner hors des églises ou des temples, sans qu'il leur soit justifié d'une autorisation régulière d'inhumer.

La peine encourue par les contrevenants serait un emprisonnement de six jours à deux mois et une amende de 16 à 50 francs (art. 358 du C. pén.).

Outre les énonciations communes à tous les actes de l'état civil (v. art. 34, C. civ.) et relatives à la date, la lecture, la signature et la désignation des personnes qui y sont dénommées ; l'acte de décès contient des énonciations spéciales :

Ainsi il doit, si la personne décédée était mariée, indiquer les prénoms et le nom de l'autre époux.

Si les déclarants sont parents, indiquer leur degré de parenté.

Si les père et mère du défunt sont connus, contenir leurs prénoms, noms, professions et domicile.

Le lieu de naissance du défunt s'il est connu doit être mentionné.

Il est bon aussi, quoique la loi ne le prescrive pas, de constater le jour et l'heure du décès.

Enfin, l'officier de l'état civil doit relater son transport au domicile du défunt; c'est le moyen de faire connaître qu'il s'est conformé sur ce point aux dispositions de la loi.

Les officiers de l'état civil sont tenus de donner avis des décès inscrits sur leurs registres à diverses personnes.

D'abord, tous les trois mois, en janvier, avril, juillet et octobre, ils doivent adresser au receveur d'enregistrement de leur canton les relevés par eux certifiés des actes de décès, à peine de 30 francs d'amende pour chaque mois de retard.

Cet état ainsi que le récépissé qui en est délivré se font sur papier non timbré (l. du 22 frim. an 7, art. 55).

Les receveurs d'enregistrement sont dans l'usage d'adresser, chaque trimestre, des états imprimés au maire qui n'a qu'à les remplir.

Quand la personne décédée laisse pour héritiers des mineurs ou des absents, le maire de toute commune, autre que celle ou réside le juge de paix, doit en donner avis immédiatement à ce dernier, à peine d'être suspendu ou destitué (arrêté du direct. du 22 prair. an 5, et art. 193 et suiv. de la const. du 5 fruct. an 3).

Le maire doit également adresser au juge de paix de son canton non plus un simple avis, mais une expédition sur papier libre des actes de décès des rentiers viagers et pensionnaires de l'état morts dans sa commune (décis. du minist. de la just. des 12 prair. an 9, 1er prair. an 11 et 22 nov. 1814).

De plus, toutes les fois qu'un membre de la légion-d'honneur vient à décéder, l'officier de l'état civil doit adresser un extrait sur papier libre de l'acte qui constate le décès, au procureur de la République de son arrondissement qui le transmet au grand chancelier de la légion-d'honneur (circ. du min. de la just. du 10 juillet 1817).

§ 2. — Des actes de décès dans les cas exceptionnels.

N° 1. Enfants morts-nés. — J'ai dit, en parlant des naissances, que les enfants morts-nés étaient présentés à l'officier de l'état civil, qui en dressait acte et l'inscrivait sur le registre des décès. J'ai ajouté qu'il en serait de même des enfants ayant eu vie, mais qui seraient morts dans les trois jours de leur naissance, avant qu'elle fût déclarée à l'officier de l'état civil. Le décret du 4 juillet 1806 ne laisse aucun doute à ce sujet ; ce n'est pas à l'officier de l'état civil, mais aux tribunaux, en cas de contestation, à décider si l'enfant a eu ou n'a pas eu vie. L'acte constate uniquement le fait de la présentation d'un enfant privé de vie.

Cette présentation doit être faite, dans les trois jours de l'accouchement, par le père, le médecin, la sage-femme ou une personne présente à l'accouchement, assistés de deux (1) témoins, à peine

(1) Des termes du décret du 4 juillet 1806, il semblerait résulter que l'on doit dresser l'acte comme pour les

d'un emprisonnement de six jours à six mois et d'une amende de seize francs à trois cents fr. (1).

L'acte mentionne le jour et l'heure où l'enfant est sorti du sein de sa mère, sans ajouter qu'il en est sorti mort ou vif.

Le décès de deux jumeaux, comme leur naissance, exige la rédaction de deux actes séparés. Il en faudrait deux également pour constater la mort de l'enfant et celle de la mère arrivée au moment de l'accouchement.

N° 2. — Décès dans les hospices et établissements publics. — Le décès, arrivé dans un hos-

décès ordinaires, sur la déclaration de deux témoins seulement. Mais il ne faut pas oublier que l'acte en question est d'une nature mixte, qu'il constate une naissance en même temps qu'un décès (ou plutôt que la présentation d'un corps inanimé); que l'enfant doit être présenté par ceux qui doivent déclarer les naissances, et que dès-lors ces personnes doivent être assistées de témoins comme quand il s'agit de déclarations de naissances dans les cas ordinaires.

(1) Arrêts de la cour de cassation des 2 septembre 1843, S. 43-1-801 et 2 août 1844, S. 44-1-671.

Arrêt de Grenoble du 2 janvier 1844, S. 44-2-125.

Besançon, 31 décemb. 1844, S. 45-2-595.

pice ou autre lieu public, a ses règles particulières. Les parents ne sont pas là ordinairement pour déclarer le décès; les voisins n'en ont guère connaissance. On a donc chargé de ce soin le chef de l'établissement où le décès a eu lieu. Un délai de 24 heures lui est imparti pour le faire. Passé ce délai, l'inscription du décès ne pourrait s'opérer qu'en vertu d'un jugement dont les frais retomberaient à sa charge.

L'officier de l'état civil, après s'être assuré de la réalité du décès par son transport auprès de la personne décédée, en dresse acte en se conformant aux règles que nous avons énumérées ci-dessus, § 1er du présent chapitre, et qui sont prescrites pour les cas ordinaires.

Il doit de plus envoyer à l'officier de l'état civil du domicile de la personne décédée à l'hospice ou à l'établissement public, tel que collège, école, séminaire, etc., un extrait sur papier libre de l'acte par lui rédigé. Cet acte est transcrit sur les registres, à la date de sa réception, et il y est annexé.

Les déclarations faites et les renseignements fournis à cette occasion par le directeur en chef de l'établissement sont consignés par lui sur un registre particulier. Ce registre prescrit comme mesure d'ordre intérieur, et destiné à rester à l'établissement, ne peut jamais remplacer celui de l'officier de l'état civil ; il pourrait seulement être consulté en cas de perte de ce dernier et fournir des documents précieux aux tribunaux chargés de suppléer par un jugement à l'absence des registres.

N° 3. Décès dans les prisons. — Les concierges ou gardiens des prisons, maisons de réclusion et de détention, donnent avis immédiat, à l'officier de l'état civil, des décès survenus dans ces maisons. Celui-ci, après s'y être transporté, dresse, sur les renseignements que lui fournit le gardien, un acte qui contient toutes les formalités prescrites pour les décès en général. On a grand soin de n'y pas mentionner l'état de détention, et en désignant le lieu du décès, on indique la maison par le numéro et le nom de la rue sans dire que c'est une prison.

L'extrait de l'acte doit être envoyé à l'officier de l'état civil du domicile du décédé, ainsi qu'il a été dit au numéro 2 ci-dessus.

N° 4. Morts violentes.—Lorsque l'officier de l'état civil découvre, en vérifiant le décès, des signes de mort violente, ou lorsqu'on lui révèle des circonstances qui lui en font soupçonner l'existence, il doit, avant de permettre l'inhumation, avertir un officier de police ; celui-ci, assisté d'un médecin, dresse procès-verbal de l'état du cadavre et des circonstances y relatives, ainsi que des renseignements qu'il aura pu recueillir sur les prénoms, nom, âge, profession et domicile de la personne décédée. Le procès-verbal est transmis au procureur de la République de l'arrondissement.

Dans les communes où il y a un commissaire de police, c'est lui qui dresse le procès-verbal; il est remplacé, en cas d'absence ou d'empêchement, par le maire (art. 14 du Code d'inst. crim.). Dans celles où il n'y a pas de commissaire de police, le maire est à la fois officier de police et officier de l'état civil, c'est à lui à faire le procès-verbal et à le transmettre directement au procureur de la République, dont il est bon de prendre l'avis, avant de procéder à l'inhumation.

L'acte est dressé, sur la déclaration de deux

témoins, dans la forme ordinaire, d'après les renseignements qu'a recueillis l'officier de l'état civil, lorsqu'il est en même temps officier de police, ou d'après ceux que lui fournit soit le commissaire de police, soit le ministère public, auquel le procès-verbal a été transmis.

On ne fait aucune mention du procès-verbal, ni du genre de mort. On ne dit pas que des renseignements ont été fournis par l'officier de police. Les circonstances du décès sont inutiles; elles pourraient être flétrissantes pour la mémoire du défunt, par ex. en cas de duel ou de suicide.

L'extrait doit être envoyé à l'officier de l'état civil du domicile de la personne décédée, ainsi qu'il a été dit aux deux numéros précédents.

N° 5. — Exécutions à mort. — La même règle existe pour les exécutions à mort. C'est un cas de mort violente : l'extrait de l'acte doit être envoyé à l'officier de l'état civil du dernier domicile du condamné. De même, pour ne pas flétrir inutilement la mémoire de celui-ci, on ne dit pas un mot du genre de mort. L'acte est dressé dans les formes ordinaires, par l'officier de l'état civil du lieu de l'exécution. A cet effet, les renseignements dont il peut avoir besoin lui sont transmis dans les 24 heures de l'exécution par le greffier de la cour d'assises, ou par le commissaire du gouvernement près les tribunaux militaires.

Nº 6. Décès à l'armée. — Le décès des militaires mourant en France, soit dans leur caserne, soit chez des particuliers, est constaté suivant la forme ordinaire. L'officier qui commande la compagnie dont faisait partie le militaire décédé, doit faire faire la déclaration du décès par deux personnes de cette compagnie; l'un de ces témoins doit être un officier ou au moins un sous-officier.

Les décès dans les hospices civils ou militaires rentrent dans le cas prévu au numéro 2 ci-dessus (p. 186).

Les conseils d'administration font porter sur les registres matricules et sur les états de mutations la date et le lieu du décès.

En cas d'exécution à mort, le commissaire du gouvernement près le tribunal militaire qui l'a requise (1), envoie au conseil d'administration le procès-verbal qu'il a dressé de cette exécution. Le décès est relaté sur le registre matricule et sur les états de mutation, sans qu'il soit question de la condamnation ni de l'exécution.

Dans les armées en campagne, ou sur le territoire de France, en cas d'invasion ou de révolte, les décès sont constatés dans chaque corps par le trésorier ou l'officier payeur, et pour les officiers sans troupes et les employés par l'intendant militaire sur l'attestation de trois témoins.

A la suite de chaque action, les sergents-majors rendent compte à l'officier payeur des noms des militaires manquants. Les causes de l'absence sont recherchées avec soin, les personnes en ayant connaissance sont entendues, et si la mort est certaine, l'acte de décès est rédigé sur l'attestation de trois de ces personnes.

En cas de décès dans les hôpitaux militaires

(1) Cela rentre dans les attributions que lui confère le décret du 3 mai 1848 (art. 6).

ambulants ou sédentaires la constatation en est faite par les directeurs de ces hôpitaux et l'acte est envoyé, suivant les cas, au trésorier ou à l'intendant militaire de l'armée ou du corps d'armée dont le décédé fait partie.

Extrait du registre que doivent tenir les directeurs d'hôpitaux est adressé, chaque mois, en double expédition au sous-intendant militaire qui le fait passer de suite au ministre de la guerre.

Les trésoriers et intendants militaires adressent également au ministre de la guerre, par l'entremise du conseil d'administration, un extrait de tous les actes qu'ils rédigent.

C'est aussi par l'entremise de ce conseil qu'ils doivent, dans un délai de dix jours, adresser à l'officier de l'état civil du domicile de la personne décédée, l'extrait de l'acte de décès par eux rédigé, ou à eux transmis par le directeur d'un hospice.

A la différence des actes de décès ordinaires, ceux des militaires peuvent contenir la mention du genre de mort, toutes les fois qu'il s'agira de mort sur le champ de bataille, ou par suite de blessure, ou de maladie provenant des fatigues de la guerre, ou enfin de maladies ordinaires dont le genre sera spécifié par les officiers de santé (inst. minist. du 24 brum. an 12).

N° 7. Décès en mer. — L'acte de décès est rédigé dans les 24 heures, sur la déclaration de deux témoins pris parmi les officiers ou tout au moins les hommes de l'équipage. Il est inscrit comme les actes de naissance à la suite du rôle d'équipage.

Au premier port où aborde le bâtiment, pour une cause quelconque autre que celle de son désarmement, le rédacteur de l'acte en dépose deux expéditions au bureau du préposé à l'inscription maritime, ou entre les mains du consul, suivant qu'il s'agit d'un port français ou étranger.

L'une de ces expéditions demeure au bureau de l'inscription ou à la chancellerie du consulat. L'autre est adressée au ministre de la marine, qui en fait parvenir une copie certifiée à l'officier de l'état civil du domicile de la personne décédée. Cette copie est transcrite à la date de son arrivée sur les registres auxquels on l'annexe.

Lors de l'arrivée du navire au port de désarmement, le rôle d'équipage est déposé au bureau du préposé à l'inscription maritime. Nanti de l'original de l'acte de décès, ce fonctionnaire en fait une expédition qu'il adresse à l'officier de l'état civil du domicile de la personne décédée. Cet acte est encore transcrit à la date de sa transmission et l'expédition est annexée aux registres.

Le motif de cette double transcription est le même que celui que j'ai indiqué à propos des naissances en mer (v. ci-dessus p. 107).

N° 8. Décès dans les lazarets. — En cas d'épidémie, les décès arrivés dans les lazarets et autres lieux réservés et soumis au régime sanitaire, sont constatés par le président semainier chargé de la rédaction des actes de l'état civil. Celui-ci transmet dans les 24 heures, à l'officier de l'état civil du lieu où est situé le lazaret, une expédition de l'acte par lui reçu. Cette expédition est transcrite sur les registres ordinaires et y demeure annexée (l. du 3 mars 1822, art. 19).

Lorsque des ouvriers périssent asphyxiés, écrasés ou de toute autre manière dans l'exploitation d'une mine, c'est un cas de mort violente qui exige l'accomplissement des formalités prescrites pour ce genre de mort (v. ci-dessus n° 4, p. 189). Le procès-verbal, fait par les ingénieur, conducteur, garde-mine, par le maire ou autres officiers de police, est adressé au sous-préfet et au procureur de la République. On joint au procès-verbal adressé au parquet le rapport d'un médecin, ou bien on consigne son avis dans le procès-verbal qu'il revêt de sa signature.

L'acte de décès est dressé d'après les renseignements recueillis par le maire ou à lui transmis, soit par l'officier de police, rédacteur du procès-verbal, soit par le procureur de la République nanti de cette pièce.

Lorsqu'on ne peut parvenir au lieu où se trouvent les corps des ouvriers qui ont péri, les propriétaires, directeurs et autres ayant-cause, doivent faire constater cette circonstance par le maire ou autre officier public, le juge de paix par ex., qui en dresse procès-verbal et le transmet au procureur de la République de l'arrondissement. Sur les réquisitions de ce magistrat, le tribunal ordonne, s'il le juge convenable, que le procès-verbal sera transcrit sur les registres, pour tenir lieu d'acte de décès et qu'il y demeurera annexé.

Ces dispositions s'appliqueraient aux évènements de même nature survenus dans les carrières et autres exploitations souterraines.

Mais il ne faudrait pas les généraliser et vouloir les appliquer toutes les fois qu'une personne, victime d'un accident, viendrait à disparaître sans qu'on pût retrouver son cadavre. Le consul Cambacerès avait proposé, lors de la discussion du Code, de régler le cas de disparition, dans des tremblements de terre, éboulements, incendie, inondations, de personnes dont les cadavres ne seraient pas retrouvés. Cette proposition ne fut pas adoptée; on fit observer que ces cas rentraient dans celui de l'absence.

L'officier de l'état civil ne peut, en général, certifier un décès, qu'autant qu'on lui présente le cadavre de la personne décédée. Il ne doit pas se baser sur des rumeurs qui peuvent n'être pas parfaitement fondées pour dresser des actes aussi importants que ceux de décès.

C'est aux parties intéressées à faire constater judiciairement, suivant les cas, le décès ou l'absence. Dans la première hypothèse, le jugement transcrit sur les registres remplace l'acte de décès.

Le législateur ou le gouvernement sont parfois intervenus dans des circonstances où la législation en vigueur semblait insuffisante.

Ainsi un décret du 29 fructidor an 3 prescrit un mode spécial pour constater le décès des citoyens qui avaient péri le 14 fructidor an 2, par l'explosion de la poudrière de Grenelle, et dont les cadavres n'avaient pu être reconnus ou retrouvés.

Une loi du 4 fructidor an 7 détermine le mode de constater le décès des prisonniers d'Orléans tués à Versailles, le 9 septembre 1792.

CHAPITRE IX.

DE LA PREUVE DE L'ÉTAT CIVIL.

L'état des personnes se prouve au moyen des actes inscrits sur les registres de l'état civil. Ces actes reçus par un officier public ayant qualité à cet effet, sont authentiques (art. 1317, C. civ.), et font foi de leur contenu, tant qu'ils ne sont pas attaqués comme faux (art. 1319, C. civ.).

Cette autorité accordée à l'acte, dérive de la confiance due au fonctionnaire qui le rédige. Ce qu'il atteste comme étant à sa connaissance personnelle, la présence des déclarants et des témoins, leurs dires et déclarations, la présentation d'un enfant, son sexe, la réalité d'un décès qu'il a vérifiée, sont des faits qui font preuve jusqu'à ce qu'on s'inscrive en faux contre l'acte qui les relate. Mais la vérité des déclarations qui lui sont faites peut être contestée sans avoir besoin de prendre la voie difficile et périlleuse de l'inscription de faux. Quelle garantie a-t-on en effet que le déclarant n'a pas dénaturé les faits? Il n'est revêtu d'aucun caractère public; l'officier de l'état civil n'a pu contrôler sa déclaration, il l'a reproduite textuellement. Il suffira donc pour la détruire de demander à faire la preuve contraire.

Une règle particulière aux actes de l'état civil attribue aux copies des actes la même foi qu'aux actes eux-mêmes. En conséquence, ceux auxquels on oppose une copie ou extrait du registre, ne peuvent, comme ils le pourraient pour un autre acte, demander la représentation de l'original, à l'effet de le comparer à la copie et de vérifier l'exactitude de celui-ci (art. 1334, C. civ.). Ils peuvent seulement lever un nouvel extrait afin de contrôler le précédent. Les tribunaux ont toujours la faculté, lorsqu'ils jugent utile une vérification sur les registres eux-mêmes, d'en ordonner l'apport à leur barre (v. ord. du 18 août 1819).

Le Code civil (art. 45) exige plusieurs conditions pour que pareille confiance soit accordée aux extraits :

1° Il faut qu'ils soient délivrés par les dépositaires des registres; par l'officier de l'état civil quand ce sont des registres courants, par le maire, greffier, archiviste ou autre personne chargée de leur conservation, quand ce sont des registres mis en dépôt (v. ci-dessus chap. 3, § 2);

2° Ils doivent être *délivrés*, c'est-à-dire *déclarés conformes au registre*, par l'officier de l'état civil ou le dépositaire, qui après avoir expédié un extrait le terminent par ces mots : *certifié conforme au registre par nous* (suivent les noms et qualité, puis la signature);

3° Lorsqu'ils doivent être produits hors de l'arrondissement, la légalisation du président du tribunal civil est exigée, non comme condition d'authenticité, car l'acte revêtu de la signature de l'officier de l'état civil est authentique, et l'extrait signé par lui ou par tout autre dépositaire l'est également, mais comme garantie de cette même authenticité. Comment savoir, en effet, que la signature apposée au bas d'un extrait est bien celle d'un officier public, si l'on n'a un certificat, une attestation d'un magistrat en position de contrôler la vérité de cette signature?

Des circonstances exceptionnelles ont pu empêcher pendant un certain temps la tenue des registres de l'état civil. Ces registres peuvent avoir été perdus. La preuve des naissances, mariages et décès se fait alors à l'aide des registres et papiers émanés des père et mère décédés, ou par témoins. Ces deux modes de preuve sont admissibles séparément ou cumulativement, suivant les cas dont l'appréciation appartient aux magistrats. Les papiers domestiques des père et mère encore vivants sont écartés, parce que si on les admettait en preuve, il pourrait arriver qu'un père avantageât un enfant au préjudice des autres, en mettant sur son registre, pour le besoin de la cause, ce qui lui plairait.

Ce que j'ai dit de la perte des registres, doit s'appliquer à la perte d'une partie d'un registre, ou à une altération équivalente à destruction. Ce sont des cas de force majeure qui sont régis par les mêmes règles.

Une autre hypothèse qui présente quelque difficulté est celle où, les registres étant réguliers en apparence, une personne prétendrait qu'on a omis d'y inscrire un acte la concernant ou concernant un de ses proches parents. On peut dire d'une part, que la preuve écrite est exigée en matière d'état civil, et que si l'on admet la preuve orale, ce n'est que par exception et sous cette condition expresse qu'il n'a pas été tenu de registres, ou qu'ils ont disparu; que là où il y a des registres on retombe dans la règle générale qui veut une preuve écrite; que permettre, en pareil cas, la preuve par témoins, ce serait détruire l'économie de la loi et autoriser dans tous les cas l'emploi de la preuve testimoniale, sur la simple allégation qu'il y a eu omission sur les registres; qu'enfin on doit supposer, quand les registres sont bien tenus, que les officiers de l'état civil ont rempli leur devoir; et que c'est aux parties à veiller à ce que les actes qui les concernent soient inscrits sur ces mêmes registres (1).

A ces raisons il est facile de répondre : qu'en s'attachant aux termes rigoureux de la loi (art. 46, C. civ.), la preuve testimoniale n'est autorisée qu'en cas de perte ou d'inexistence des registres; mais qu'on ne peut supposer au législateur l'intention de mettre dans l'impossibilité de prouver leur état des personnes fort innocentes des omissions commises à leur égard.

Que bien que l'art. 46 du Code civil ne parle que du cas de perte ou d'inexistence du registre

(1) MM. Valette sur Proudhon, t. 1er, p. 211, note (a), dernier alin. Duranton, t. 1er, n° 297, et Demolombe, t. 1er, n° 324, se sont rendus à ces raisons.

entier, on n'a pas hésité, par analogie, à étendre ses dispositions au cas de perte d'une partie du registre, d'enlèvement ou d'altération d'un ou de plusieurs feuillets, qu'on les a étendues également au cas où la tenue des registres a été interrompue pendant quelques temps, par force majeure ou négligence de l'officier de l'état civil.

Qu'il peut arriver aussi que l'omission ne provienne pas du fait de ce dernier, mais bien de la négligence des personnes chargées de déclarer une naissance ou un décès ; qu'on ne peut imputer à un enfant le défaut de déclaration de sa naissance, ou du décès de ses père et mère, s'il était absent à cette dernière époque, et qu'il faut lui donner un moyen de réparer un oubli aussi préjudiciable.

Le fait d'omission pourra quelquefois se prouver comme celui de perte des registres. Dans tous les cas, les juges ne se contenteront pas de simples allégations. Ils se montreront très sévères lorsqu'il s'agira d'actes tels qu'un mariage dont les parties pouvaient et devaient exiger l'inscription et qu'elles prétendent avoir été omis, ou bien lorsque le fait qu'on veut prouver aurait des conséquences irrévocables, tel serait le décès d'un premier mari qu'une femme voudrait établir pour se remarier. Ils se montreront plus faciles lorsqu'il n'aura pas dépendu de celui qui se plaint de l'omission de l'acte d'empêcher cette omission.

Lors de la discussion du Code, la question fut posée et il fut dit que *les contestations auxquelles les omissions pourraient donner lieu seraient portées devant les tribunaux qui y statueraient suivant les circonstances* (1). On s'en remettait comme on le voit entièrement à la sagesse des tribunaux.

Il est donc dans l'esprit de la loi d'admettre la preuve testimoniale, toutes les fois qu'elle sera nécessaire, pour rétablir l'état d'une personne et réparer un oubli qui lui serait préjudiciable.

Je crois que cette solution est aussi conforme au texte; car après tout une omission n'est tout autre chose qu'une interruption dans la tenue des registres de l'état civil. Il y a telle commune d'une faible population où le défaut de tenue des registres pendant plusieurs mois ferait à peine dispa-

(1) V. Locré, t. 3, p. 68.

raître un ou deux actes. Tandis qu'il y a des villes où le défaut de tenue des registres pendant un seul jour en laisserait un grand nombre sans être inscrits. Qu'importe la durée de l'interruption dans la tenue des registres, qu'elle soit d'un mois, d'un jour ou d'une heure, il suffit qu'il y en ait une et qu'elle soit établie, pour que la preuve par témoins soit admissible.

La solution serait la même en cas d'inscription d'un acte sur une feuille volante. Cet acte n'a aucune force probante; seulement il établit qu'il y a une lacune dans le registre, et dès-lors on rentre dans le cas prévu par l'art. 46 du C. civ.

La procédure à suivre pour obtenir la réparation de l'omission se fait de la manière indiquée dans le chap. 11 ci-après, pour la rectification des actes. La demande en est faite par les intéressés ou par le ministère public, quand il s'agit d'indigents, ou que l'ordre public se trouve intéressé.

Une loi du 2 flor. an 3 confiait à l'autorité administrative le soin de suppléer aux registres de l'état civil perdus ou détruits pendant la révolution (à partir du 14 juillet 1789). Les tribunaux de district n'avaient d'autre mission que de statuer sur les réclamations que pouvaient faire naître les listes dressées à cet effet par les commissaires des municipalités. Cette loi fut rarement mise à exécution. Une circulaire du garde des sceaux, du 4 novembre 1814, prescrivit un mode différent de remplacer les registres perdus ou détruits, soit par suite des dernières guerres de l'empire ou de l'invasion des armées étrangères, soit par suite de troubles et d'évènements antérieurs. D'après cette circulaire, s'il ne manque qu'un des doubles on fait une copie de celui qui reste sur un registre coté et paraphé par le président du tribunal, et la copie est collationnée par le maire ou le greffier dépositaire qui l'a fait confectionner.

En cas de destruction et d'inexistence des deux doubles, la circulaire contient les prescriptions suivantes :

« A la réception de ces instructions, chaque procureur du roi en donnera avis aux maires des communes de son arrondissement où il saura qu'il n'y a pas de registres; il les chargera de faire dresser un état, année par année, des personnes qui, d'après la notoriété publique ou les renseignements qu'on pourra avoir, sont nées, mariées ou décédées pendant le courant de chacune d'elles; cet état ne remontera pas au-delà de l'époque à laquelle les maires furent chargés de la rédaction des actes de l'état civil. Quand il sera dressé, les maires l'enverront au procureur du roi, qui, après l'avoir examiné, requerra le rétablissement des actes de l'état civil de leurs communes, et fera ordonner qu'il sera fait une enquête pour constater les naissances et les décès dont l'acte a été omis ou détruit. Pour éviter le déplacement des témoins et les frais qui en seraient la suite, l'enquête sera prise par un juge commis par le tribunal, pour les communes qui ne sont pas à une grande distance du lieu de sa résidence; pour celles qui en sont éloignées, il pourra commettre le juge de paix; l'enquête sera faite sommairement. S'il est question de constater la naissance d'une personne encore vivante, on la fera appeler, si elle est à portée de l'être, pour recevoir sa déclaration, à laquelle on joindra celles de ses plus proches parents; si elle est absente ou morte, on constatera sa naissance et son décès par la déposition de ses parents, amis ou voisins, à qui on demandera la communication des titres ou documents qui seront à leur disposition, et propres à appuyer leur témoignage. On aura soin d'entendre les curés et desservants dont les registres particuliers, quoique ne faisant pas une preuve légale, peuvent du moins servir d'indication. Lorsque l'enquête sera achevée, elle restera déposée pendant un mois au greffe du tribunal où elle aura été faite. Les personnes intéressées auront la liberté d'en prendre connaissance et la faculté d'indiquer les erreurs qu'elles croiraient s'y être glissées. »

« L'enquête sera ensuite communiquée au procureur du roi, qui, après l'avoir examinée, fera les réquisitions que les circonstances exigeront. Le tribunal, s'il le juge nécessaire, nommera un de ses membres pour faire le rapport, avec le pouvoir, s'il en est requis, de prendre de nouveaux éclaircissements et d'entendre de nouveaux témoins. Quand l'instruction sera terminée, le tribunal, sur les conclusions du procureur du roi, ordonnera le rétablissement des actes de naissances, mariages et décès qui seront constatés par l'enquête, ou les titres et documents qui auront été soumis. Le jugement contiendra les notes d'une année entière pour chaque commune; les expéditions qui en seront faites serviront de registres pour cette année. »

« S'il s'élève des difficultés sur un ou plusieurs articles, le tribunal en suspendra la décision en prononçant sur ceux qui ne seront pas contestés. On pourra procéder sur les autres à une plus ample information, et ordonner même que le conseil de famille sera assemblé (art. 856, C. proc). »

« Les personnes qui auront concouru aux jugements pourront en déclarer appel, si elles croyaient avoir lieu de s'en plaindre (art. 858, C. proc.). La voie de l'opposition restera ouverte à ceux qui n'y auraient point pris part. »

Deux mois environ après l'émission de cette circulaire, une ordonnance du 9 janvier 1815 prescrivait des mesures spéciales pour réparer la perte des registres de l'état civil de la ville et de l'arrondissement de Soissons. Là où il n'y avait perte que d'un seul des doubles, une expédition devait être faite par les soins du maire. Elle devait être signée par lui et déposée au greffe pour être collationnée par le procureur du roi sur les procès-verbaux à lui remis à cet effet. En cas de perte ou de destruction des deux registres, ceux destinés à les remplacer ont dû être faits par une commission nommée par le garde des sceaux, placée sous la direction immédiate du procureur du roi. Cette commission a dû cesser ses fonctions le 31 décembre 1838. A cette époque, les doubles registres dressés par elle ont dû être clos, signés et envoyés au procureur du roi pour être par lui vérifiés et ensuite déposés tant au greffe du tribunal qu'aux archives de chacune des communes dont les registres avaient été détruits (ord. du 21 oct. 1838 et art. 8, ord. du 9 janvier 1815).

S'il arrivait aujourd'hui que, par suite d'évènements de force majeure, il y eût interruption dans la tenue des registres pendant un certain temps, ou perte de ces mêmes registres, il faudrait encore suivre les formes prescrites d'une manière générale par la circulaire du 4 nov. 1814. Que, s'il ne s'agissait que de réparer l'omission d'un ou de plusieurs actes isolés, ou même d'une série d'actes peu nombreuse, on procèderait comme il sera dit au chap. 11 ci-après, en matière de rectification des actes de l'état civil.

CHAPITRE X.

DE LA VÉRIFICATION DES REGISTRES.

L'art. 53 du Code civ. impose aux procureurs de la République l'obligation de vérifier l'état des registres, lors du dépôt de ceux-ci au greffe, et de dresser un procès-verbal de cette vérification. Une circulaire du ministre de la justice, en date du 20 avril 1820, prescrivit l'envoi de ces procès-verbaux dans les trois premiers mois de l'année, aux procureurs généraux, qui devaient les transmettre, avec leurs observations, au ministre, dans la première quinzaine d'avril. La même circulaire recommandait aux officiers du ministère public de signaler, dans des instructions données aux officiers de l'état civil, les irrégularités qu'ils auraient découvertes en faisant leur vérification.

Une ordonnance du 26 novembre 1823 a règlementé, d'une manière plus complète, ce qui concerne la vérification. Le délai accordé aux membres des parquets de première instance, pour cette opération, est étendu à quatre mois. Ils adressent leurs procès-verbaux dans la première quinzaine de mai aux procureurs généraux, qui les transmettent, avec leurs observations, au garde des sceaux, dans la première quinzaine de juin.

Ils doivent, aussitôt la vérification faite, envoyer aux officiers de l'état civil des instructions où ils signalent les contraventions commises, et leur indiquent le moyen de les éviter.

Copie de ces instructions doit être adressée au procureur général.

Outre ces vérifications annuelles, les officiers du ministère public peuvent toujours se transporter dans les communes pour vérifier les registres de l'année courante. Ils peuvent aussi déléguer, pour cette opération, le juge de paix du canton.

Un modèle de procès-verbal est annexé à l'ordonnance. Il est ainsi conçu :

L'an 18 . . . , le . . . . Nous, procureur de la République près le tribunal de première instance siégeant à.........., agissant en exécution de l'art. 53 du Code civil et de l'ordonnance en date du 26 novembre 1823 (1), et après avoir fait transporter du greffe à notre parquet, sur notre récépissé, les registres de l'état civil des communes de l'arrondissement pour l'année 18..., nous avons procédé à la vérification des actes inscrits auxdits registres, et en conséquence de cette opération, reconnu et constaté les déclarations dont le détail suit :

« Canton de...., commune de.... » Suit la désignation des contraventions qu'on a pu commettre :

1° Dans les actes de naissances,

2° Dans le registre des publications de mariage,

(1) S'il s'agit d'une vérification accidentelle faite par suite d'un transport dans une commune, on mettra : « Nous sommes transporté au secrétariat de la mairie de la commune de..... à l'effet de vérifier si les actes inscrits au registre de l'état civil depuis le.... jusqu'à ce jour, ont été rédigés conformément à la loi et aux instructions que nous avons données pour son exécution. Et les registres nous ayant été représentés, etc.... » (Note du Bulletin des lois).

Si la vérification accidentelle est faite par un juge de paix, il ajoutera après ces mots : agissant en exécution de l'art....... et de l'ordonnance du..... ceux-ci : et conformément la délégation en date du...... à nous donnée par M. le procureur de la République de l'arrondissement.

3° Dans celui des mariages,

4° Dans celui des décès.

Le procès-verbal se termine ainsi :

« Et après avoir vérifié successivement lesdits registres et actes, dans l'ordre ci-dessus établi, nous avons (1), par une lettre d'instruction par nous adressée à l'officier de l'état civil de la commune de....., indiqué celles des irrégularités ci-dessus relevées, *qui peuvent et doivent être réparées tant par son fait, que par celui des parties, déclarants et témoins, sans nuire à la substance des actes;* avons aussi rappelé à l'exécution des mesures propres à prévenir le retour des contraventions à la loi : de tout quoi nous avons rédigé et clos le présent procès-verbal.

» Clos et arrêté au parquet, à

le 18

et avons signé. »

(1) Si le procureur de la République s'est transporté, l'on mettra : « Nous avons, en faisant appeler près de nous l'officier de l'état civil et les personnes intéressées auxdits actes, tant comme parties que comme déclarants et témoins, fait réparer et régulariser en leur présence ceux des actes défectueux qui ont pu être régularisés par leur fait et sans nuire à la substance des actes. » (Note du Bulletin des lois.)

Dans l'usage on se sert, pour la vérification annuelle, d'un tableau imprimé, en tête duquel on place la première partie du procès-verbal ci-dessus reproduit. Ce tableau est divisé en colonnes au nombre de quatorze. La première comprend la date du dépôt des registres au greffe, et la seconde, celle de la vérification par le procureur de la République. La troisième indique le nom du canton, la quatrième, celui de la commune; la cinquième, la nature des registres; la sixième, le nombre des actes inscrits; la septième, celui des actes défectueux; la huitième, les numéros des actes défectueux correspondant aux registres; la neuvième, les lois et ordonnances particulières auxquelles il a été contrevenu; la dixième, les articles du Code civil dont les dispositions ont été violées. Les trois colonnes subséquentes sont destinées à recevoir la mention sommaire des contraventions et de leur nature. Dans la onzième, on place celles qui sont relatives à l'état matériel des registres; dans la douzième, celles qui sont relatives aux formalités matérielles et générales des actes inscrits; enfin dans la treizième, celles qui sont relatives aux formalités spéciales de ces mêmes actes; la quatorzième est une colonne d'observations. C'est à la suite de ce tableau que se place la deuxième partie du procès-verbal ci-dessus transcrit.

Une circulaire du 31 décembre 1823 a complété les dispositions de l'ordonnance, et a servi de guide dans la confection des tableaux destinés à la vérification. D'après cette circulaire, lorsque les registres sont réguliers, on l'énonce dans le procès-verbal par ces mots : Point de contraventions. Il est inutile dans ce cas d'adresser des instructions au maire, puisqu'il n'y a pas d'irrégularités à signaler.

D'après une ordonnance du 10 mars 1825, les magistrats qui se déplacent pour des vérifications accidentelles ont droit à l'indemnité que l'art. 88 du décret du 18 juin 1811 leur alloue en matière criminelle, pour tout transport au-delà de cinq kilomètres. Seulement, les procureurs de la République doivent, pour obtenir cette indemnité, justifier que leur transport a eu lieu en vertu de l'ordre ou de l'autorisation du procureur général.

Le même ordre ou la même autorisation leur sont nécessaires pour déléguer un juge de paix à l'effet de procéder à cette vérification, dans une commune distante de plus de cinq kilomètres du chef-lieu de canton.

La délégation, les ordres ou autorisations, doivent être joints au mémoire du magistrat qui réclame l'indemnité.

Il est recommandé aux officiers du ministère public, par une circulaire du 6 juin 1843, de mettre à profit, pour ces opérations, les occasions où ils sont obligés de se déplacer par suite de procédures criminelles.

La même circulaire recommande aux membres des parquets de première instance de donner le plus grand soin aux lettres d'instructions qu'ils adressent aux maires après la vérification. Puis elle ajoute : « Certaines irrégularités peuvent im-
» médiatement cesser d'exister par l'intervention
» de ces magistrats. Si, par exemple, des registres
» ne sont pas clos et arrêtés, si des actes ou des
» tables ne sont pas signés, si les pièces qui doi-
» vent être annexées ne se trouvent pas jointes, il

» appartient à MM. les procureurs du roi de faire » réparer ces omissions. Je tiens en pareil cas à ce » qu'ils constatent, dans leur procès-verbal, les » instructions qu'ils ont données au maire pour » atteindre ce but. »

« L'entremise de MM. les juges de paix peut » souvent être d'une grande utilité pour les rectifi- » cations à opérer. »

On voit que cette circulaire, ainsi que l'ordonnance de 1823, ou plutôt le modèle y annexé, prescrivent, non seulement la vérification, mais aussi la rectification des registres de l'état civil. Cependant le Code civil (art. 53) ne parle que de vérification. Une disposition explicite du projet de Code prescrivait au commissaire du gouvernement de requérir la rectification des irrégularités qui pourraient se rencontrer dans les actes de l'état civil, et de faire comparaître les parties et les témoins devant l'officier de l'état civil, qui rédigerait un nouvel acte. Cette disposition fut retranchée, et il fut entendu, lors de la discussion (1),

(1) Séances du conseil d'état des 14 fruct. an 9 et 12 brum. an 10.

qu'aux tribunaux seuls appartenait le droit de modifier les registres, ou les actes qui y sont inscrits.

Ces principes ont été consacrés depuis par un avis du conseil d'état, du 13 nivôse an 10.

Comment a-t-il pu y être dérogé par l'ordonnance de 1823 et par les circulaires ministérielles précitées ? Des nécessités pratiques peuvent seules expliquer cette dérogation. Suivant la rigueur des principes, aux tribunaux seuls appartient le droit de modifier un acte de l'état civil.

« *Ce qui est écrit est écrit*, avait dit M. Siméon dans l'exposé des motifs, et ceux qui dressent les actes comme ceux qui les conservent ne peuvent toucher au dépôt qui leur est confié. »

Mais on a remarqué que de fréquentes irrégularités se trouvaient dans les actes de l'état civil. Souvent ces irrégularités provenaient de la négligence ou de l'inexpérience des officiers de l'état civil. A la rigueur, il eût fallu faire rectifier à leurs frais, par les tribunaux, les actes où elles se trouvaient. On a pensé que quand il s'agissait de mentions accessoires dans l'acte, il était bien plus simple de faire réparer l'omission par les parties et l'officier de l'état civil, que d'aller requérir à grands frais une rectification judiciaire. Quand on omet, par exemple, l'âge des témoins, leur profession, quand ceux-ci n'ont pas signé, quand pareille omission existe de la part des déclarants, des parties ou de l'officier de l'état civil, on a trouvé plus simple de faire réparer cette omission amiablement que par les voies judiciaires. Mais quand il s'agit de toucher à la substance de l'acte, de dire quel jour, à quelle heure un enfant est né, de relater dans un acte de mariage le consentement des époux et le prononcé de l'union, de semblables rectifications ne se font que par l'entremise des tribunaux. Aussi l'ordonnance parle-t-elle de rectifications à faire sans toucher à la substance de l'acte.

La circulaire de 1843 ne va pas aussi loin que l'ordonnance, elle ne parle que de signatures omises. On peut dire, il est vrai, que les signatures, celle surtout de l'officier de l'état civil, font bien partie intégrante de l'acte et tiennent à sa substance. Néanmoins, on n'a pas voulu user de trop de rigueur envers les officiers de l'état civil qui remplissent gratuitement des fonctions difficiles et souvent pénibles, et les rectifications amiables ont été adoptées comme un palliatif pour tempérer le droit rigoureux. On a pensé qu'une rectification faite en présence du juge de paix ou du procureur de la République, quand il s'agissait seulement de rétablir une signature oubliée, était sans inconvénients, et que la présence de ces magistrats offrait de suffisantes garanties, que rien ne serait changé à l'acte lui-même.

Quant aux registres, les irrégularités qui se trouvent dans leur forme matérielle peuvent être réparées sans aucun inconvénient. Cela ne touche pas à la validité des actes, ainsi l'omission du procès-verbal en tête du registre, l'omission de coter et de parapher les feuillets, de numéroter les actes, de bâtonner les espaces laissés en blanc, de clore les registres, de faire les tables, de les certifier et signer, sont autant d'irrégularités, que le ministère public doit signaler, et qu'il doit faire rectifier avant le dépôt des registres.

Le modèle de procès-verbal annexé à l'ordonnance de 1823 supposait la collation des deux doubles. La circulaire déjà citée du 6 juin 1843 prescrit d'une manière formelle cette double vérification. Seulement elle recommande de faire l'envoi des deux doubles séparément, et successivement, afin que si l'un des deux était perdu ou détruit dans le trajet, l'autre y suppléât et servît à le remplacer. Il y a aussi un inconvénient à priver longtemps les communes du double qui doit leur rester, cela met les parties dans la nécessité de venir, pendant ce temps-là, prendre quelquefois de fort loin, au greffe du tribunal, des extraits qu'elles auraient trouvés sans cela dans les archives de leur commune.

Les maires doivent donc attendre, après avoir envoyé l'un des doubles, qu'on le leur ait retourné pour adresser l'autre au parquet. Ou bien si le double adressé le premier doit rester au greffe, si on ne le leur retourne pas parce qu'il n'y a aucune rectification à opérer, les maires doivent attendre qu'on leur en ait accusé réception, et qu'on leur ait fait connaître l'époque à laquelle ils devront transmettre l'autre double.

Les membres des parquets ont toujours soin (conformément aux prescriptions de la circulaire précitée) de ne réclamer le second double que pour le moment où ils peuvent le vérifier, et de le renvoyer à la mairie immédiatement après la vérification.

CHAPITRE XI.

DE LA RECTIFICATION DES ACTES DE L'ÉTAT CIVIL.

J'ai dit dans le chapitre précédent qu'aux tribunaux seuls appartenait le droit de modifier les actes de l'état civil. L'officier de l'état civil ne peut, sauf le cas dont j'ai parlé dans le même chapitre, réparer lui-même les omissions ou erreurs qui proviennent de son fait, ou de celui des personnes qui ont concouru à l'acte. C'est aux parties intéressées moralement ou pécuniairement, à demander aux tribunaux la rectification des actes. Celui à qui l'on attribuerait, sans son consentement, la paternité d'un enfant dans un acte de naissance, aurait un intérêt moral et pécuniaire à faire disparaître cette indication. Des parents même collatéraux pourraient, dans un pur intérêt de famille, demander et obtenir la rectification d'actes de naissance, qui attribuent faussement à des enfants naturels la qualité de légitimes.

Les père et mère pourraient même demander la rectification de l'acte de naissance de leur enfant, encore que l'erreur qui s'y serait glissée vînt de leur fait.

Des créanciers, exerçant les droits et actions de leur débiteur (art. 1166, C. civ.) le pourraient également si la réclamation par eux formée était subordonnée à la production d'un acte de l'état civil régulier.

Enfin, le ministère public aurait le droit de demander la rectification dans deux cas : 1° lorsque l'ordre public est intéressé comme, par exemple, si dans l'acte de naissance d'un enfant il y a erreur sur le sexe, ou s'il mentionne une paternité incestueuse ou adultérine (v. avis du cons. d'état du 12 brum. an 11, circ. minist. du 22 brum. an 13, décret du 18 juin 1811, t. crim. art. 121 et 122).

2° Lorsque les actes concernent des indigents (l. du 25 mars 1817, art. 75 1°).

3° Lorsque dans un acte de mariage on a omis la déclaration relative au point de savoir s'il y a ou s'il n'y a pas de contrat de mariage ou lorsque cette déclaration est erronée. (Art. 76, C. civ. modifié par la loi du 10 juillet 1850.)

La rectification peut être demandée, soit pour les actes qui se trouvent sur les registres courants, aussitôt après leur inscription, soit pour ceux qui sont placés dans les dépôts publics. Le tribunal compétent pour y statuer, est celui au greffe duquel les registres sont ou doivent être déposés.

S'il s'agit d'un acte reçu à l'étranger et transcrit en France, par ex. un mariage, ou d'un acte reçu en France et transcrit dans une commune autre que celle où il a été rédigé, comme par ex. en cas de décès dans les hospices, c'est dans le lieu où l'acte a été rédigé qu'on se pourvoit en rectification. Que si l'acte était régulier, s'il n'y avait erreur que dans la transcription, ce serait devant le tribunal dans l'arrondissement duquel l'acte a été transcrit qu'il faudrait se pourvoir en rectification de cette transcription.

La demande en rectification n'est point une de celles auxquelles on puisse appliquer l'art. 59 1er alinéa du Code de proc. civ. C'est une action plutôt réelle que personnelle qui a un caractère particulier et une procédure spéciale.

Lorsque la rectification est demandée incidemment, dans une contestation pendante devant un tribunal civil autre que celui dans l'arrondissement duquel se trouvent les registres, ce tribunal peut ordonner la rectification, ou, s'il le juge convenable, surseoir et renvoyer l'incident devant le tribunal de la situation et du dépôt des registres.

Ainsi lorsque, sur une question d'état, le tribunal rend une décision de nature à modifier l'acte de naissance de l'une des parties, le tribunal peut, comme conséquence de sa décision, ordonner que l'acte de naissance sera rectifié dans tel ou tel sens, que son jugement sera inscrit sur les registres de l'état civil de telle commune, et qu'il en sera fait mention en marge de l'acte réformé.

Lorsqu'il y a eu suppression d'état, la décision

qui la constate ne peut être inscrite sur les registres, il faut la présenter au tribunal civil qui rend un jugement destiné à être inscrit sur les registres et à tenir lieu d'acte de l'état civil.

Il n'y a d'exception que pour le cas de l'art. 198 du Code civil, lorsque les époux établissent qu'ils avaient un acte de mariage mais que cet acte a été, soit inscrit sur une feuille volante, soit détruit, enlevé frauduleusement du registre. Le jugement du tribunal civil (1) ou correctionnel, ou bien l'arrêt de la cour d'assises, remplacent l'acte supprimé et sont inscrits sur les registres.

La procédure à suivre en cas de rectification est celle-ci : La personne qui veut obtenir cette rectification présente requête au président du tribunal de première instance dans l'arrondissement duquel les registres sont déposés. Le président rend, en marge de la requête, une ordonnance de soit communiqué au ministère public, et commet, si bon lui semble, un juge pour faire un rapport. A l'audience et sur le rapport soit du président, soit

(1) Dans le cas prévu par l'art 200 du Code civ.

du juge commis, le tribunal, après avoir entendu les conclusions du ministère public, (ou sur ses réquisitions, quand il agit d'office), prononce la rectification demandée, ordonne que son jugement sera à la diligence du ministère public ou des parties, suivant les cas, inscrit sur les registres, et qu'il en sera fait mention en marge de l'acte réformé.

Si le tribunal n'est pas suffisamment éclairé par les documents et pièces qu'on lui présente, il peut ordonner une enquête, exiger la comparution des parties en personne et la mise en cause de ceux qui auraient intérêt à contester la rectification, il peut aussi prescrire la convocation et la production de l'avis du conseil de famille, quand l'un des intéressés est mineur.

L'appel à la cause des parties intéressées ne pourra être fait directement et dès le début. Le demandeur pourra indiquer dans sa requête l'utilité de cette mise en cause; mais il devra, dans tous les cas, présenter requête au président, et faire apprécier par le tribunal l'opportunité de cette mesure.

Ce n'est que lorsqu'il intentera une action en

réclamation d'état, qu'il pourra assigner directement et en suivant les formes ordinaires ses parties adverses. Mais lorsque son état ne sera pas contesté ni supprimé, lorsqu'il s'agira d'une simple rectification à un acte qui constate cet état, il faudra procéder suivant les règles tracées par les art. 855 et 856 du Code de procéd. civile.

Les parties intéressées seront donc assignées, après la présentation de la requête et en vertu du jugement du tribunal, par exploit fait à personne ou domicile.

Lorsque la rectification sera demandée incidemment à une instance, les parties seront appelées par exploit et en vertu du jugement ordonnant leur mise en cause ou par acte d'avoué à avoué si elles figurent déjà dans l'instance.

Le jugement qui statue sur la demande en rectification, peut être attaqué, comme tout autre jugement, par les voies ordinaires ou extraordinaires. S'il était rendu par défaut contre une partie régulièrement appelée, il serait susceptible d'opposition. L'appel, la tierce opposition, la requête civile, le pourvoi en cassation seraient recevables contre un jugement de cette nature. L'appel est toujours possible en pareille matière. Ce sont des questions d'une valeur inappréciable et indéterminée ne rentrant pas dans les limites du dernier ressort (art. 54, C. civ).

L'appel se forme suivant les règles ordinaires quand il y a instance liée. Dans ce cas, le délai d'appel est de trois mois à partir de la signification du jugement ou à partir du jour où l'opposition n'est plus recevable, s'il s'agit d'un jugement par défaut. (art. 443, C. proc. civile).

Si le demandeur n'a pas de contradicteur, on procède, comme en première instance, au moyen d'une requête présentée au premier président. Ce magistrat indique le jour de l'audience, seulement la loi ne lui prescrit pas de faire un rapport d'où l'on peut induire que l'affaire sera exposée par un avocat. Cependant je serais porté à croire que le législateur a entendu établir en appel les mêmes règles qu'en première instance, et que le ministère d'un représentant de l'appelant, exposant ses griefs en dehors de la requête, n'est pas nécessaire.

Les dépens de la rectification sont payés par le demandeur, s'il n'a pas de contradicteur. S'il y a eu des intéressés mis en cause et qu'ils aient mal à propos contesté la demande, ils pourront être condamnés aux frais occasionnés par leur indue contestation, sauf à faire, le cas échéant, l'application de l'art. 131 du Code de proc. civ., sur la compensation des dépens entre parents et alliés.

Ils pourront aussi être mis à la charge de l'officier de l'état civil qui, par son fait ou sa négligence, aura nécessité cette rectification.

Dans les cas où elle est faite à la demande du ministère public, l'administration de l'enregistrement doit avancer le montant des frais, sur le pied du tarif des frais de justice criminelle, du 18 juin 1811. Les actes de procédure et jugements qui, aux termes de l'art 118 de ce tarif, devaient être visés pour timbre et enregistrés en débet, le sont actuellement gratis en vertu de l'art. 75 de la loi du 25 mars 1817, toutes les fois que ces actes concernent des indigents ou qu'il s'agit de remplacer des actes détruits par les évènements de la guerre ou des registres qui n'ont pas été tenus.

La même faveur est accordée ainsi que je l'ai dit précédemment (chap. 7, § 4) pour tous les actes, jugements, ou arrêts (de rectification ou autres) dont la production peut être exigée pour le mariage des indigents ou la légitimation de leurs enfants, avec ceci de plus qu'il n'est perçu aucun droit de greffe au profit du trésor sur les copies ou expéditions qui en seraient passibles (l. du 3 juillet 1846, art. 8).

L'indigence est établie ainsi que je l'ai dit (loc. cit.) par deux certificats, l'un du percepteur, l'autre du maire.

Quand la rectification n'est pas faite dans le but de produire l'acte pour un mariage ou une légitimation d'enfant, il suffit d'un seul certificat émané du maire (1).

Dans l'une et l'autre hypothèse le certificat du maire doit être visé par le sous-préfet.

Le recouvrement des frais, dans les cas intéressant l'ordre public, se fait comme celui des

(1) Circ. du direct. général de l'enreg., en date du 19 avril 1821.

frais de justice criminelle, à la requête de l'administration des domaines. Ils jouissent du même privilège tant sur les biens de la personne intéressée que sur ceux de ses père et mère, époux ou épouse (art. 119, 121 et 122 du décret du 18 juin 1811, et l. du 5 septembre 1807). En cas d'indigence de la partie, ou d'insolvabilité survenue, ils restent à la charge de l'état.

Le jugement de rectification est remis ou notifié à l'officier de l'état civil, qui doit immédiatement le transcrire en entier sur les registres de l'année courante, destinés à recevoir l'inscription d'actes de même nature que celui qui a été rectifié.

On relate en marge de cette transcription le numéro de l'acte rectifié, ainsi que l'année et le volume où il se trouve. On met par ex. : *jugement du..... modifiant l'acte de.. (sa nature) inscrit sur les registres de l'année...... vol.... n°.....*

On ne fait aucun changement à l'acte ; on se contente de mentionner le jugement en marge de l'acte réformé. Cette mention doit être assez explicite pour qu'on sache à requête de qui le jugement a été rendu, et ce qu'il a décidé ; car on ne délivre pas expédition du jugement de rectification, on se contente de délivrer l'extrait de l'acte et avec lui la copie de la mention mise en marge (avis du cons. d'état du 4 mars 1808). L'officier de l'état civil qui omettrait, en délivrant l'extrait, d'y ajouter la mention de la rectification, pourrait encourir des dommages et intérêts si cette omission avait causé quelque préjudice (art. 857, C. proc. civ.).

L'expédition ou la copie du jugement est annexée au registre, pour être ensuite déposée au greffe.

L'officier de l'état civil doit inscrire les jugements qu'on lui présente, sans s'occuper du point de savoir s'ils sont ou non passés en force de chose jugée. Une disposition contraire qui se trouvait dans le projet du Code a été retranchée de la rédaction définitive. On ne porte aucune atteinte à l'acte, ce n'est point un de ces cas où, d'après l'art. 548 du Code de procédure, on ne peut exécuter le jugement même après les délais d'opposition et d'appel, qu'en justifiant que ce jugement n'est point attaqué. On indique le jugement en marge de l'acte et s'il est réformé, on transcrit l'arrêt de réformation en faisant une deuxième mention à la suite de la première, tant en marge de l'acte, qu'en marge de la décision réformée.

L'officier de l'état civil qui transcrit le jugement doit en avertir le procureur de la République de son arrondissement, qui veille à ce que la mention soit faite sur les registres déposés au greffe. Lorsque l'acte, reçu dans une commune, a été transcrit dans une autre (v. art. 80, 81 et 82, C. civ.), le procureur de la République transmet l'avis à celui de ses collègues dans l'arrondissement duquel a été faite cette transcription, afin que pareille mention y soit faite sur les deux registres.

Le jugement de rectification n'a d'effet qu'entre ceux qui y ont été parties et vis-à-vis de leurs ayant-cause. Ainsi un père peut faire rectifier contradictoirement avec un de ses enfants l'acte de naissance de celui-ci. Après la mort du père ses autres enfants ne pourront pas dire que le jugement ne leur est pas opposable, il les représentait dans l'instance, il était le véritable contradicteur à la demande en rectification.

Si c'est un des frères qui demande la rectification, le jugement ne sera opposable ni aux autres frères ni au père. Ils pourront faire rendre une décision qui sera tout le contraire de la première. Cela semble bizarre au premier abord, mais c'est la conséquence des principes sur l'autorité de la chose jugée. Ainsi un acte sera réformé en tel sens vis-à-vis d'une personne, en tel autre sens vis-à-vis d'une autre personne. Les deux jugements seront transcrits à leur date sur les registres, chacun d'eux sera mentionné en marge de l'acte, et lorsqu'on en délivrera des extraits, on donnera en même temps cette double mention, indiquant le nom des personnes ayant obtenu ces rectifications.

Il est des cas spéciaux de rectification que je dois signaler.

D'abord, en matière de mariage, lorsque le nom d'un des futurs se trouve, dans son acte de naissance, orthographié autrement que celui de son père, ou lorsque dans cet acte on a omis quelqu'un des prénoms de ses parents, au lieu de faire la rectification en la forme ordinaire, on peut y suppléer en faisant attester l'identité par les père, mère ou aïeux assistant au mariage, ou en faisant faire cette attestation dans l'acte de consentement notarié qu'ils envoient lorsqu'ils ne sont pas sur les lieux.

En cas de décès des père et mère ou aïeux, l'identité est attestée, pour les mineurs, par le conseil de famille ou le tuteur ad hoc; pour les majeurs, par les quatre témoins de l'acte de mariage.

Que s'il y a omission d'une lettre ou d'un prénom dans l'acte de décès des ascendants, il suffit, pour les mineurs, de la déclaration avec serment des personnes dont le consentement est requis pour le mariage, et pour les majeurs, de celle des parties et des témoins du mariage (avis du conseil d'état du 30 mars 1808).

La loi du 11 germinal an 11 interdit aux officiers de l'état civil d'inscrire dans les actes de naissance des prénoms autres que les noms en usage dans les différents calendriers, et ceux des personnages connus de l'histoire ancienne. Elle permet à toute personne qui a pour prénom le nom d'une famille existante, ou un nom quelconque, autre que ceux qu'elle autorise, d'en demander le changement. Pour cela, une requête est présentée par la personne elle-même si elle est majeure ou mineure émancipée ; par ses père, mère ou tuteur si elle est mineure non émancipée. Le tribunal de première instance du lieu où se trouve l'acte de naissance rend, en marge de la requête, sur les conclusions du ministère public, un jugement qui ordonne cette rectification.

La même loi (art. 4 et s.) permet de changer de nom aux personnes qui le demandent. Il faut pour cela qu'elles y aient un grand intérêt, comme, par exemple, lorsque le déshonneur est attaché à ce nom. Il est aussi permis d'ajouter un surnom au nom qu'on porte, lorsque ce surnom sert à désigner depuis longtemps l'individu.

Ces autorisations sont accordées par le gouvernement après avoir préalablement pris l'avis du conseil d'état.

Les formalités à remplir sont : 1° d'annoncer dans la partie officielle du *Moniteur* l'intention où l'on est de se pourvoir auprès du garde des sceaux.

à l'effet d'être autorisé à changer de nom ou à ajouter à son nom tel autre nom ou surnom.

2° De faire pareille insertion dans le journal des annonces du département de sa résidence et du lieu de sa naissance.

3° Présenter requête au garde des sceaux ; y joindre les numéros des journaux dans lesquels ont paru les insertions ci-dessus mentionnées ; y annexer un extrait de l'acte de naissance du postulant, et toutes les pièces qui peuvent venir à l'appui de la demande. Etablir notamment que l'on est en possession du nom ou surnom dont on sollicite l'addition au nom de famille, et qu'il y aurait inconvénient à le quitter. Produire, le cas échéant, l'extrait de l'acte de naissance et celui de l'acte de décès de la personne dont on demanderait à prendre le nom ; justifier par acte authentique du consentement des parties intéressées.

Après avoir consulté le procureur de la République dans l'arrondissement duquel le réclamant est domicilié, et trois mois après l'insertion au *Moniteur*, la requête est répondue par le garde des sceaux : il n'est dû aucun droit pour cela.

Si la demande est rejetée, il en est donné avis aux parties. Si elle est admise, l'arrêté qui autorise ce changement est inséré au *Moniteur*, et, pendant un an, à dater de cette insertion, toute personne peut y former opposition. Si le gouvernement juge l'opposition fondée, il rapporte son arrêté. A l'expiration de l'année, s'il n'y a pas d'opposition, ou si celles qui sont survenues ont été rejetées, le secrétaire général du conseil d'état délivre un certificat constatant qu'il n'est pas survenu d'opposition, ou que celles qu'on a formées ont été rejetées.

Muni de ce certificat et d'une ampliation de l'arrêté du gouvernement, l'impétrant se pourvoit devant le tribunal du lieu où se trouvent les registres constatant son état civil, et en vertu de cet arrêté, il obtient la rectification des actes qui le concernent, en suivant les formes prescrites pour la procédure ordinaire en matière de rectification.

CHAPITRE XII.

DES CONTRAVENTIONS, PEINES ET POURSUITES EN MATIÈRE D'ÉTAT CIVIL.

Le législateur n'ayant pas donné pour sanction à l'inobservation des règles qu'il traçait relativement à la rédaction des actes de l'état civil la nullité des actes irréguliers, en a cherché une autre dans une série de peines édictées pour infraction à chacune de ses prescriptions les plus importantes. Des peines peuvent être prononcées suivant les cas contre :

L'officier de l'état civil,

Les déclarants,

Les parties,

Les témoins,

Les dépositaires des registres.

Les magistrats, et notamment les procureurs de la République, ne seraient pas passibles des peines prononcées par l'art. 50 du Code civil pour négligence ou omission dans l'accomplissement des formalités que la loi met à leur charge. Cette conduite de leur part les exposerait seulement à être réprimandés et censurés par voie disciplinaire, conformément à l'art. 60 de la loi du 20 av. 1810.

Les faits susceptibles d'être poursuivis en matière d'état civil peuvent se diviser en trois classes :

La première comprend les simples négligences ou omissions d'une formalité, qui ne sont punies que d'une amende, et pour lesquelles la juridiction civile est compétente, ce sont les contraventions.

La deuxième est celle des délits, punis soit d'une amende, soit d'un emprisonnement, et dont la répression se poursuit devant les tribunaux correctionnels.

Enfin dans la troisième se rangent tous les faits ayant le caractère de crimes, passibles de peines afflictives et infamantes, ou seulement infamantes et de nature à être déférés aux cours d'assises.

§ 1er. — Contraventions.

L'art. 50 du Code civil punit d'une amende de cent francs au plus sans minimum déterminé :

L'omission des formalités et mentions prescrites pour les actes en général, par les art. 34, 35, 37,

38, 39, 40, 42, 43, 44 et 49 du Code civil. V. ci-dessus chap. 4, p. 88 et s. V. aussi p. 62, 101 114, 118, 152, 234 et ss.

L'art. 192 du même Code permet de prononcer, pour contravention aux art. 63 et 64 (C. civ.), une amende de trois cents francs au plus contre l'officier de l'état civil, et contre les parties et leurs ascendants, une amende proportionnée à leur fortune (v. ci-dessus p. 143).

Les mêmes personnes peuvent être atteintes des mêmes peines pour contravention à l'art. 165, C. civ. (v. art. 193, C. civ. et ci-dessus p. 168).

L'officier de l'état civil est passible d'une amende de trois cents francs pour avoir célébré un mariage auquel il a été formé opposition (v. art. 68, C. civ. et p. 148 et 149 ci-dessus).

Est punie d'une amende de cent francs au plus l'omission, dans l'acte de mariage, de la mention relative au contrat de mariage (art. 76 10°, C. civ. modifié par la loi du 10 juillet 1850, v. p. 173 ci-dessus).

Des amendes sont prononcées en matière fiscale contre l'officier de l'état civil et les dépositaires.

Elles sont : 1° De cinquante francs contre les dépositaires qui ne communiquent pas leurs registres aux préposés de l'enregistrement, et ne leur laissent pas prendre, sans frais, les renseignements, extraits et copies qui leur sont nécessaires (art. 54, l. du 22 frim. an 7).

2° De cinquante francs contre les dépositaires qui délivrent, sans l'avoir fait enregistrer, un acte sujet à cette formalité (art. 41, l. du 22 fr. an 7).

3° De pareille somme contre l'officier de l'état civil qui annexe ou transcrit des pièces non enregistrées (art. 42 ibid.).

4° De vingt francs pour chaque acte inscrit sur papier non timbré (art. 26 5°, l. du 13 brumaire an 7, et art. 10, l. du 17 juin 1824).

5° De cinq francs pour avoir mis plus de vingt-cinq lignes par page dans les extraits des registres ou avoir écrit sur le timbre (art. 26 2°, l. du 13 brum. an 7, et art. 10, l. du 17 juin 1824).

6° De dix francs pour avoir employé du papier plus petit que celui de 1 fr. 25 c., appelé *papier moyen* (art. 26 4°, l. du 13 brum. an 7, et art. 10 l. du 17 juin 1824).

7° De vingt francs pour avoir fait deux extraits sur une même feuille, ou pour avoir écrit un extrait sur une feuille ayant déjà servi pour un premier acte, alors que celui-ci serait demeuré inachevé (art. 26 5° de la loi de brum. et 10 de la loi de 1824 précitées).

§ 2. — Délits.

Sont punis : 1° d'un emprisonnement d'un à trois mois et d'une amende de seize à deux cents francs les officiers de l'état civil qui inscrivent un acte sur une feuille volante (art. 192, C. pén. V. ci-dessus p. 65 et 66).

2° D'un emprisonnement de six jours à six mois et d'une amende de seize à trois cents francs les personnes qui, ayant assisté à un accouchement, n'ont pas accompli les prescriptions des art. 55 et 56, C. civ. (art. 346, C. p. V. ci-dessus p. 97, 98 et 101).

3° De pareille peine, ceux qui ont contrevenu aux art. 58, C. civ., et 347, § 2, C. p. (d. art. 347. V. ci-dessus p. 104).

4° D'un emprisonnement de six mois au moins et d'une amende de trois cents francs au plus, l'officier de l'état civil qui contrevient aux dispositions des art. 76 4°, et 156, C. civ. (v. ci-dessus p. 175.

5° D'un emprisonnement de six mois à un an et d'une amende de seize à trois cents francs, l'officier de l'état civil qui célèbrerait un mariage sans s'être assuré de l'existence du consentement des père, mère, etc. (art. 193, C. pén. V. p. 161 ci-dessus).

6° D'un emprisonnement d'un mois au moins et d'une amende de trois cents francs au plus, ce même fonctionnaire pour infraction aux art. 151 et s., C. civ. (art. 157, C. civ. V. ci-dessus p. 161).

7° D'une amende de seize à trois cents francs, l'officier de l'état civil qui violerait les dispositions de l'art. 228, C. civ. (art. 194, C. pén. V. ci-dessus p. 132 et 133).

8° D'un emprisonnement de six jours à deux mois et d'une amende de seize à cinquante francs, les maires, adjoints, membres des Fabriques et ministres du culte, qui auront prêté leur concours à une inhumation non autorisée, ou auront laissé faire cette inhumation (décr. du 4 therm. an 13, et art. 358, C. pén. V. ci-dessus p. 182).

9° De pareille peine, ceux qui auront contrevenu d'une manière quelconque aux lois et règlements sur les inhumations précipitées (art. 77, C. civ., et 358 2e al., C. pén.).

10° D'un emprisonnement d'un mois à deux ans et d'une amende de cent à cinq cents francs l'officier de l'état civil qui exige la preuve de l'accomplissement des cérémonies religieuses, ou qui en fait mention dans les actes (art. 21 du décr. du 7 vend. an 4).

11° D'un emprisonnement de trois mois à un an et d'une amende de cent à trois cents francs, les greffiers, archivistes et autres dépositaires auxquels une négligence serait imputable, en cas d'enlèvement des registres ou des pièces annexées (art. 254, C. pén.).

12° D'un emprisonnement de deux à cinq ans et d'une amende du douzième des restitutions au moins, et du quart au plus, les commis ou préposés des fonctionnaires chargés de la tenue ou du dépôt des registres, lorsqu'ils se sont rendus coupables de concussion (art. 174, C. pén.).

13° D'une amende de seize à cent cinquante francs, les greffiers récemment investis de leurs fonctions (1), qui délivreraient des extraits avant d'avoir prêté serment (art. 196, C. pén.)

14° D'un emprisonnement de six mois à deux ans, d'une amende de cent à cinq cents francs, et en outre de l'interdiction de l'exercice des fonctions publiques pendant cinq ans au moins et dix ans au plus, à compter du jour où ils auront subi leur peine, les officiers de l'état civil et dépositaires révoqués, destitués ou suspendus, qui auront continué l'exercice de leurs fonctions après avoir eu connaissance officielle de leur révocation, destitution ou suspension (art. 197, C. pén.).

15° D'un emprisonnement de six mois et d'une amende du quart de leur revenu, ceux qui prennent un nom ou prénom autre que celui qui se trouve dans leur acte de naissance, ou qui ajou-

(1) L'art. 196, C pén. n'est plus applicable aux officiers de l'état civil, depuis le décret du 1er mars 1848, qui supprime, pour les fonctionnaires publics, la formalité du serment. La loi du 8 août 1849 (art. 3) a rapporté le décret en ce qui touche les membres des cours et tribunaux et par conséquent les greffiers. Mais il continue à être en vigueur, quant à présent, pour les fonctionnaires de l'ordre administratif.

tent à leur nom propre un surnom que la loi ne leur permettait pas de prendre (art. 3, l du 6 fr. an 2).

16° D'une amende du quart de leur revenu et de l'interdiction de l'exercice des fonctions publiques, les officiers de l'état civil qui opèreraient sciemment dans les actes ces substitutions de noms ou prénoms ou ces additions de surnoms (art. 4 et 5, l. du 6 fruct. an 2).

§ 3. — Des crimes.

Sont punis : 1° des travaux forcés à perpétuité les officiers de l'état civil et dépositaires qui commettraient un faux dans un acte (art. 145 et 146, C. pén.).

2° Des travaux forcés à temps, les particuliers coupables du même crime (art. 147 ibid.).

3° De la même peine, ceux qui font usage des actes faux (art. 148 ibid.).

4° De la réclusion, le faux témoin et son suborneur (art. 363 et 365 ibid.).

5° Des travaux forcés à temps, les officiers de l'état civil et les dépositaires qui auraient enlevé ou détruit des registres ou pièces annexées ou des tiers qui auraient consommé cet enlèvement ou cette destruction avec violence (art. 173, 255 2° et 256 ibid.).

6° De la réclusion, l'enlèvement ou la destruction sans violence de la part de tierces personnes (art. 255 1° ibid.).

7° De pareille peine et en outre d'une amende qui peut varier entre le 12e et le quart des restitutions et dommages et intérêts, l'officier de l'état civil ou le dépositaire coupable de concussion (art. 174, C. pén. V. p. 87 ci-dessus).

8° De la dégradation civique et d'une amende de 200 francs au minimum et au maximum du double de la valeur des promesses agréées ou des choses reçues, l'officier de l'état civil, son commis ou secrétaire, qui a agréé des offres ou reçu des présents, soit pour inscrire un acte sur les registres de l'état civil, soit pour s'abstenir d'inscrire un acte ou de remplir une formalité qui rentrait dans ses attributions (art. 177 ibid.).

9° De la détention, le ministre du culte qui se trouve dans le cas prévu par l'art. 200, 3e alin., C. pén. (v. ci-dessus p. 171).

10° De la réclusion, les personnes coupables de supposition ou de suppression d'enfant.

Les officiers de l'état civil, ainsi que je l'ai dit précédemment (p. 63), ne sont pas des agents du gouvernement, dans le sens de l'art. 75 de la Constitution du 22 frim. an 8. En conséquence, ils peuvent être poursuivis sans autorisation préalable du conseil d'état. Mais il faut, aux termes d'un avis de ce conseil du 31 juillet 1806, et d'une circ. minist. du 10 septembre 1806, consulter le garde des sceaux sur les poursuites qu'on veut diriger contre eux. Il n'y a d'exception que pour l'omission du dépôt des registres (v. ci-dessus, p. 77) et les faits qualifiés par la loi crimes ou délits (Circ. min. du 22 brum. an 14, aux procureurs impériaux).

La poursuite s'exerce en matière criminelle d'après les règles ordinaires. Dans le cas où l'on argüe d'une supposition ou suppression d'état, la poursuite ne peut être intentée qu'après le jugement des tribunaux civils sur la question d'état. Si les parties intéressées à faire statuer sur ce point au civil gardent le silence, le ministère public a les mains liées.

En matière fiscale, les amendes prononcées pour contravention aux lois sur le timbre ou sur l'enregistrement sont recouvrées au moyen d'une contrainte décernée par le receveur et déclarée exécutoire par le juge de paix. En cas d'opposition à cette contrainte, le tribunal civil est saisi de la contestation et la décide en dernier ressort (art. 45 et 64, l. du 22 frim. an 7 et 76 de la loi du 28 avr. 1816).

Les simples contraventions sont déférées aux tribunaux de première instance qui en connaissent comme juges civils, quant à la forme de procéder et à la qualification du tribunal (avis du cons. d'état du 4 pluv. an 12 et circ. min. du 22 brum. an 14). Ainsi on assigne à huitaine franche, comme en matière civile, les délais de distance, les mentions à mettre dans l'exploit sont celles prescrites par le Code de procédure.

La poursuite est dirigée par le ministère public et l'action intentée à sa requête, car il s'agit d'une peine.

A ce titre, on peut appeler des décisions rendues, bien que le chiffre des amendes encourues ne s'élève pas à plus de 1500 fr.; car c'est par faveur qu'on a accordé aux officiers de l'état civil la faculté d'être jugés par les tribunaux civils. On a pensé qu'il serait par trop rigoureux de traduire en simple police ou en police correctionnelle des gens qui n'ont souvent péché que par ignorance et qui sont revêtus d'un caractère public qu'il convient de respecter. Cette disposition de faveur ne peut produire cet effet d'enlever aux fonctionnaires poursuivis les deux degrés de juridiction.

Seulement, comme dans certains cas le minimum des amendes n'est pas déterminé, je pense que l'appel serait non recevable si les amendes et réparations civiles n'excédaient cinq francs outre les dépens (v. art. 172, C. instr. crim.).

S'agissant d'une peine, la prescription serait celle de trois ans pour les contraventions punies d'une amende excédant 15 francs. Quand l'amende n'a pas de minimum déterminé, la prescription applicable est celle d'un an. Le point de départ de la prescription est le jour ou la contravention a été commise (art. 638 et 640 du Code d'inst. crim.).

Indépendamment des peines dont l'application est requise par le ministère public, les parties lésées pourraient demander des dommages et intérêts, soit simultanément devant le tribunal saisi de la poursuite, soit séparément devant le même tribunal ou devant le juge de paix, si le chiffre de la demande n'excédait pas les limites de sa compétence (art. 52 et 68, C. civ., art. 1 et 3, C. instr. crim.).

Il est même des cas où l'on ne peut réclamer que des dommages et intérêts. Ainsi, dans le cas d'altération des registres, on ne peut exiger des dépositaires que des réparations civiles (art. 51. C. civ.) ; il en serait de même à l'encontre des auteurs de ces altérations si elles n'étaient pas susceptibles d'être incriminées. Enfin, il y a bon nombre d'omissions qui ne sont pas sanctionnées par une peine ; s'il en est quelqu'une qui nuise aux parties intéressées, celles-ci peuvent toujours s'adresser aux tribunaux à l'effet d'être indemnisées du préjudice qu'elles éprouvent.

Elles ont alors 30 ans pour faire leurs réclamations.

Lorsque l'omission constitue en outre un fait punissable, la durée de leur action est limitée à celle de l'action publique, par conséquent, elles ont dix ans si le fait constitue un crime, trois ans s'il ne constitue qu'un délit ; si ce n'est qu'une contravention, elles ont suivant les cas trois ans ou un an (v. p. 254 ci-dessus).

Outre les peines précédemment énoncées, les officiers de l'état civil peuvent être destitués : 1° pour avoir marié, sans autorisation du ministre ou de leurs chefs, des militaires ou marins.

2° Pour n'avoir pas donné au juge de paix avis des décès dans les cas prévus par l'art. 1er de l'arrêté du 22 prair. an 5 (v. p. 184 ci-dessus).

3° Pour avoir contrevenu aux art. 4 et 5 de la loi du 6 fruct. an 2 (v. p. 173 ci-dessus).

FORMULES D'ACTES DE L'ÉTAT CIVIL (1).

N° 1. Naissances. — L'an mil huit cent......, le.... du mois de...., à.... heure de..., par-devant nous (*indiquer ici les prénoms, nom et qualité du rédacteur; si ce n'est pas le maire, indiquer le motif qui l'empêche de remplir ses fonctions, ou mentionner que celui qui le remplace le fait par suite de délégation*), officier de l'état civil de la commune de....., canton de..., département de..., est comparu (*mettre ici les prénoms, nom, âge, profession et demeure de la personne déclarante*), lequel (*ou laquelle*) nous a déclaré que, cejourd'hui (*ou le.... du présent mois, ou bien le.... du mois de.. dernier*) (2), en sa maison sise à...... (*ou en telle mai-*

(1) Je me borne à donner les principales formules. Il sera facile, à l'aide des notes qui les accompagnent, ou en recourant à mon Traité, de les modifier suivant les circonstances

(2) S'il s'agit d'un enfant trouvé, on ajoute : « étant » seul (*ou en la compagnie de... indiquer les prénoms,* » *noms, âges, professions et demeures des personnes pré-*

son qu'on indique par le nom de la rue et le numéro s'il y en a) (1), est né un enfant du sexe (*masculin ou féminin)* qu'il *(ou qu'elle)* nous présente (2),

» *sentes*) il (*ou elle*) a trouvé dans la rue ou dans tel lieu » (*désigner avec exactitude l'endroit où l'enfant a été trouvé*), » un enfant tel qu'il (*ou qu'elle*) nous le présente, em- » maillotė ou vêtu de (*détailler les vêtements et linges qui* » *enveloppent l'enfant, en indiquer la marque s'il en existe* » *une en faisant connaître les chiffres ou les lettres qui la* » *composent*). Après avoir visité l'enfant nous avons re- » connu qu'il était du sexe .., qu'il paraissait âgé de...... » (*désigner ici l'âge apparent de l'enfant, vérifier s'il a quel-* » *que marque sur le corps ou s'il se trouve dans ses vête-* » *ments quelques écrits ou marques propres à le faire recon-* » *naître, dans ce cas, indiquer ce qu'on a trouvé ou exprimer* » *qu'on n'a rien trouvé*); de suite nous avons inscrit l'en- » fant sous les noms de..... et avons ordonné qu'il fût » remis à......

» De tout quoi nous avons dressé le présent procès- » verbal, en présence de.... et de.... etc... »

(1) Quand la déclaration est faite par le père de l'enfant on met ensuite : « Il lui est né de dame. ..... sa » femme, un enfant du sexe......, qu'il nous présente et » auquel il a déclaré donner les prénoms de....... Les- » dites déclarations, etc... » Le reste comme au modèle » ci-dessus.

(2) Quand le père se présente pour déclarer la naissance d'un enfant naturel, on ajoute : « et qu'il reconnaît pour » le sien, auquel enfant.... etc. » S'il désigne la mère, on ajoute : « lequel enfant est né de demoiselle ou de

-nt auquel il *(ou elle)* a déclaré donner les prénoms de.... Lequel enfant est né de *(prénoms, nom, âge, profession et demeure de la mère)* (1), épouse *(ou veuve)* de *(prénoms, noms, âge, profession et domicile du père)*. Lesdites déclaration et présentation faites en présence de *(prénoms, nom, âge, profession et demeure du premier témoin)* et de *(mêmes énonciations pour le second témoin)*; et ont les déclarant et témoins signé avec nous le présent acte après qu'il leur en a été donné lecture.

(Suivent les signatures; si un des comparants ne peut ou ne sait signer il en sera fait mention avec indication de la cause qui l'empêche de signer).

N° 2. Reconnaissance d'enfant naturel. (2)—L'an mil huit cent.... le..... du mois de..., à.... heure

» dame.. » Mieux vaut ne pas désigner la mère; on ne peut jamais indiquer pour mère une femme qui aurait été, au moment de la conception, mariée avec un autre que le père.

(1) S'il s'agit d'un enfant naturel, on ajoute : « d'un » père inconnu. »

(2) V. pour les reconnaissances par acte de naissance la note 2, p. 258, du modèle n° 1, et pour les reconnaissances par acte de mariage la note, p. 269, du modèle n° 6,

d..., par-devant nous (*v. ci-dessus le modèle n° 1, l'indication doit être la même*), officier de l'état civil de la commune de..., canton d..., départ. de... (1), est comparu (*prénoms, nom, âge, profession et demeure de la personne déclarante*), lequel (*ou laquelle*) nous a déclaré qu'il (*ou qu'elle*) se reconnaît père (*ou mère*) d'un enfant du sexe..... qui nous a été présenté le...... et que nous avons inscrit sur les registres de l'état civil sous les noms de...... (*Quand l'enfant est né dans une autre commune et a été inscrit sur les registres du lieu de sa naissance, on met « qui a été présenté à l'officier de » l'état civil de la commune de.., le.., et inscrit sur » les registres de l'état civil de ladite commune le.., » sous les noms de.... »*) (2).

(1) Quand le père et la mère font conjointement la reconnaissance, on met : « sont comparus (*prénoms,* » *noms, etc.., des déclarants*), lesquels nous ont déclaré » qu'ils se reconnaissent père et mère de l'enfant du » sexe...., etc. » La suite comme au modèle ci-dessus.

(2) Certains formulaires ajoutent ici : « lequel il a eu avec N.. » indiquant toutefois que, « le déclarant est libre de ne pas désigner la personne avec laquelle il a eu l'enfant ». Cette mention ne doit pas être faite.

Ladite déclaration faite en présence de.... et de...., et ont les déclarant et témoins signé avec nous le présent acte après qu'il leur en a été donné lecture.

(Suivent les signatures et mentions y relatives, v. ci-dessus modèle n° 1.)

N° 3. Adoption. — L'an...., le..... du mois d...., à..... heure du...., par-devant nous *(qualités du rédacteur)*, officier de l'état civil de la commune d...., canton d...., département d..... (1), est com-

Jamais le père ne peut être indiqué sur la déclaration de la mère, parce que la recherche de la paternité est interdite, et qu'il faut, pour attribuer à quelqu'un la qualité de père, une déclaration spontanée de sa part. Il en est de même pour la mère ; car si la recherche de la maternité est permise, elle ne l'est qu'avec un commencement de preuve par écrit émané de la mère ; et la déclaration faite par le père ne peut servir de commencement de preuve. Ne pouvant être d'aucune utilité pour l'enfant, elle doit être exclue de l'acte. Pour que la déclaration du père à cet égard fût acceptée et inscrite, il faudrait qu'il se présentât muni d'une procuration de la personne qu'il dit être la mère de son enfant.

(1) Si l'adoptant et l'adopté se présentent on met : « sont comparus (*noms, professions, demeures de l'un et* » *de l'autre*) lesquels nous ont déclaré que (*noms de* » *l'adopté*) a été adopté par (*noms de l'adoptant*) ainsi « que, etc.. »

paru (*prénoms, nom, profession et demeure du comparant*). Lequel nous a déclaré qu'il a été adopté (1) par (*prénoms, nom, profession et demeure de l'adoptant*), ainsi que cela résulte de la déclaration faite par celui-ci dans un acte dressé par M. le juge de paix de...., le...., enregistré, (*ou bien dans un testament en date du...., reçu Me...., notaire, ou déposé par minute chez Me...., notaire, enregistré*); que cet acte (*ou ce testament*) a été soumis à l'examen du tribunal de première instance de...., qui l'a homologué par jugement du..... enregistré.

Que ce jugement a été confirmé par la cour d'appel de...., le.....

Et que l'arrêt a été affiché dans les lieux indiqués, ainsi que cela résulte d'un procès-verbal en date du..... (*ou de procès-verbaux en date des....*) enregistré.

En conséquence, il nous a requis d'inscrire cette

(1) Si c'est l'adoptant qui se présente, on met qu'il a adopté (*noms, profession et demeure de l'adopté*), ainsi que cela résulte de la déclaration par lui faite dans... etc..

adoption sur nos registres, conformément aux dispositions de l'art. 359 du Code civil.

Faisant droit à ces réquisitions, après nous être fait remettre l'expédition des actes, jugements et arrêts ci-dessus mentionnés, ainsi que le procès-verbal d'affiche, lesquelles pièces seront annexées aux registres, après avoir été paraphées par nous et le comparant (*ou les comparants*), nous avons dressé acte des déclarations à nous faites et avons signé avec le comparant (*ou les comparants, ou avons signé seul, les comparants ayant déclaré ne le savoir ou ne le pouvoir*).

(*Suivent les signatures.*)

N° 4. Publication de mariage. — L'an...., le dimanche...., nous (*qualités du rédacteur*), officier de l'état civil de la commune d...., canton d...., département d...., après nous être transporté à la principale porte de la maison-commune (*s'il n'y a pas de maison-commune, on mettra : « devant la » principale porte, ou devant la porte de notre do» micile à défaut de maison-commune »*), à l'heure de...., avons annoncé et publié pour la première (*ou pour la seconde*) fois qu'il y a promesse de mariage entre *(prénoms, nom, âge et domicile du futur)*, majeur *(ou mineur)*, fils de *(prénoms, noms, âges, professions et domiciles des père et mère. Si l'un d'eux est mort, on ajoute à la suite de ses noms et qualités le mot décédé. Si tous deux n'existent plus on l'indique de la même manière. S'il est veuf on ajoute : « veuf en premières ou en deuxièmes noces » de..... »)* et demoiselle *(ou dame, si c'est une veuve, prénoms, nom, âge, profession et domicile de la future)*, majeure *(ou mineure)*, fille de *(mêmes mentions que pour les père et mère du futur, relater également, si c'est une veuve, le précédent mariage)* (1). Laquelle publication lue à haute et intelligible voix a été de suite affichée à la porte de la maison-commune. De tout quoi nous avons dressé acte. *(Signature du rédacteur.)*

N° 5. Extrait de l'acte de publication de mariage destiné à être affiché. — Mairie de.....

Il y a promesse *(ou projet)* de mariage

(1) Quand il s'agit d'une 2e publication, comme elle ne s'affiche pas, on ajoute simplement « de laquelle publica- » cation nous avons dressé acte. »

Entre (*prénoms, nom, âge, profession et domicile du futur*, majeur (*ou mineur*), fils de (*prénoms, noms, âges, professions et domiciles de ses père et mère, et les mêmes énonciations de qualités que celles contenues dans les actes de publications*) ;

Et (*prénoms, nom, âge, profession et domicile de la future*), majeure (*ou mineure*), fille de (*mêmes mentions que pour les père et mère du futur*).

(*Suit la signature de l'officier de l'état civil.*)

N° 6. *Mariage.* — L'an...., le..... du mois de....., par-devant nous (*qualités du rédacteur*), officier de l'état civil de la commune d...., canton d...., département d...., sont comparus en notre maison-commune (*s'il n'y en a pas, on met : « en » notre demeure à défaut de maison-commune »*) M. *ou* le sieur (*prénoms, nom, âge, lieu de naissance du futur*), ainsi qu'il résulte de l'acte de naissance (*ou de notoriété*), en date du..... par lui produit (*profession et domicile du futur*), majeur (*ou mineur*), fils de (*prénoms, nom, âge, profession et demeure du père*), et de (*même mention pour la mère*), présents et consentants (*si l'un d'eux est mort, on ajoute à la suite de ses noms et qualités :* « *décédé à...., le.... (1),* » *ainsi qu'il résulte de l'acte de décès délivré à...., le.....* » *La même mention est faite pour l'autre quand tous les deux sont morts. Enfin si les père et mère ne sont pas présents, on met :* « *consentants* » *ainsi qu'il résulte de l'acte reçu, ou de la procu-* » *ration passée devant M*[e] *...., notaire à...., le.....) (Quand le futur a déjà été marié, on ajoute :* « *veuf* » *en premières, ou en secondes noces, de...., ainsi que* » *cela résulte d'un acte inscrit sur les registres de* » *l'état civil de...., à la date du...., constatant le* » *décès de ladite....;* »*);*

Et demoiselle *(ou dame) (prénoms, nom, âge, lieu de naissance de la future)*, ainsi que cela résulte de l'acte de naissance *(ou de notoriété)*, en date du.... par elle produit *(profession et domicile de la future)*, majeure *(ou mineure)*, fille de *(prénoms, noms,*

(1) S'il est mort dans le lieu où se célèbre le mariage, on met : « ainsi que nous nous en sommes assuré en con- » sultant les registres de l'an...... » On peut même, quand les aïeux sont présents et attestent le décès, mettre simplement : « ainsi que cela est attesté par........ aïeux » paternels (*ou maternels*) du futur. »

âges, professions et demeures des père et mère de la future), ici présents et consentants *(s'ils sont morts ou absents, mêmes indications que pour les père et mère du futur). (Quand la future a déjà été mariée, on ajoute : « veuve en premières, ou en secondes » noces, de...., ainsi qu'il résulte d'un acte inscrit » sur les registres de l'état civil de...., à la date « du...., constatant le décès dudit..... »).*

Lesquels (1) nous ont requis de procéder à la célébration du mariage projeté entre eux, et dont les publications ont été faites devant la principale porte de notre maison-commune *(ou de notre demeure à défaut de maison-commune),* savoir la première le...., et la deuxième le...., à l'heure de.... *(mentionner également les publications qui auraient été faites dans d'autres communes).*

Aucune opposition audit mariage ne nous ayant été signifiée, faisant droit à leur réquisition après avoir donné lecture de toutes les pièces ci-dessus

(1) Quand les aïeux doivent autoriser le mariage parce que les père et mère sont morts ou dans l'impossibilité de manifester leur volonté, on met : « Lesquels assistés de » *(prénoms, noms, etc..... des aïeux)* » Si les aïeux sont

mentionnées et du chap. 6 du titre du Code civil intitulé *Du mariage* (1), nous avons interpellé les futurs époux *(ainsi que les personnes qui autorisent le mariage, si elles sont présentes, et dans ce cas les désigner)* d'avoir à déclarer s'il a été fait par-devant notaire un contrat destiné à régler les conditions civiles du mariage (2), et sur leur réponse affirmative, d'avoir à nous faire connaître la date de ce contrat, ainsi que les noms et lieu de résidence du notaire qui l'a reçu. A quoi elles ont répondu que ce contrat avait été passé devant Me...,

absents on met : « Lesquels après nous avoir remis l'ex- » pédition d'un acte reçu, Me...., notaire à...., conte- » nant de la part des sr..... et de.... consentement au » mariage de....... leur petit-fils (*ou leur petite-fille*). » S'il est des pièces autres que celles précédemment indiquées dont la remise soit nécessaire, telles que délibération du conseil de famille, permission des chefs militaires, on en relate la remise dans cet endroit.

(1) Quand l'on ne peut avoir la preuve du décès des père, mère et aïeux, on ajoute : « et avoir reçu la dé- » claration tant des futurs époux que des quatre témoins » du mariage, affirmant avec serment que le lieu du dé- » cès et celui du dernier domicile des ascendants qui eus- » sent dû consentir au mariage leur est inconnu. »

(2) Quand il n'y a pas de contrat de mariage, on met : « à quoi elles ont répondu négativement. »

notaire à...., le..... Nous avons ensuite demandé au futur époux et à la future épouse s'ils veulent se prendre pour mari et femme. Chacun d'eux ayant répondu séparément et affirmativement, nous déclarons au nom de la loi que (*prénoms et nom du futur*) et (*prénoms et nom de la future*) sont unis par le mariage (1). De tout quoi nous avons dressé acte sur-le-champ en présence de (*prénoms, noms, âges, professions et demeures des quatre témoins, mentionner s'ils sont parents ou alliés de l'un des époux, et à quel degré*). Lesquels, après lecture faite dudit acte, l'ont signé avec nous, les parties contractantes et les père et mère de celles-ci (*quand ils assistent au mariage, sinon leur fondé de pouvoir ou les aïeux qui viennent, à défaut des père et mère, donner leur consentement*).

(*Suivent les signatures ou la mention prescrite par l'art.* 39, *C. civ.*).

(1) Quand il y a lieu à reconnaissance et à légitimation d'un enfant né precédemment, on ajoute : « Et aussitôt » lesd. époux ont déclaré reconnaître pour le leur l'enfant » né le..... et inscrit sur les registres de l'état civil de la » commune de.... à la date du....... sous le nom de....

N° 7. Décès. — L'an...., le... du mois de..., à..... heure d..., par-devant nous (*prénoms, nom et qualité du rédacteur*), officier de l'état civil de la commune d...., canton d...., départ. d..., sont comparus (*prénoms, noms, âges, profession et demeure des deux témoins déclarants, avec mention, s'ils sont parents, du degré de parenté*). Lesquels nous ont déclaré (1) que (*prénoms, nom, âge, profession et domicile de la personne décédée; si la personne était mariée on ajoute : « époux ou épouse, veuf ou veuve de......... »*), fils (*ou fille*) de (*prénoms, noms, professions et domicile des père et mère de la personne décédée*), est décédé à..., le..... du mois de..., à.... heure d......., en sa maison sise rue..., n°.... (*ou autre lieu qu'on désigne exactement*). Et après nous être assuré du décès par notre transport au domicile du défunt (*ou de la défunte*), nous avons dressé le présent

(1) Quand il s'agit d'une personne inconnue, on met : » qu'une personne à eux inconnue, du sexe..., paraissant » âgée..... (*désigner les vêtements dont cette personne était » couverte, ainsi que les papiers trouvés sur elle*), est décé- » dée *ou* a été trouvée morte à..., le. , à ... heure d....,

acte que les déclarants ont signé avec nous après qu'il leur en a été donné lecture.

(Suivent les signatures).

N° 8. Présentation d'enfant sans vie. — L'an..., le.... du mois d..., à.... heure d..., par-devant nous (*qualité du rédacteur*) officier de l'état civil de la commune d...., canton d...., départ. d....., est comparu (*prénoms, noms, profession et domicile du déclarant*), lequel nous a présenté un enfant sans vie du sexe masculin (*ou féminin*), et nous a déclaré (1) que les père et mère de cet enfant sont (*leurs prénoms, noms, âges, professions et demeures*), et que c'est le....., du mois de...., à... heure d..., que l'enfant est sorti du sein de sa mère, en sa maison (*ou en la maison de.... désigner la maison*) sise à.....

» (*indiquer le lieu du décès*), sur quoi, après avoir pris » des renseignements infructueux sur la personne décé- » dée et nous être assuré de son décès, nous avons » dressé, etc... »

(1) Quand la presentation est faite par le père lui-même, on ajoute : « qu'il est le père de cet enfant, et que » la mère est la dame........, et que c'est le.... etc.. »

Lesdites présentation et déclaration faites en présence de (*prénoms, nom, âge, profession et demeure du premier témoin*) et de (*même mention pour le second*) :

Et ont les déclarants et les témoins signé avec nous le présent acte.

(*Suivent les signatures.*)

FIN.

TABLE ALPHABÉTIQUE.

FIN DE LA TABLE,

www.ingramcontent.com/pod-product-compliance
Ingram Content Group UK Ltd.
Pitfield, Milton Keynes, MK11 3LW, UK
UKHW020312230726
13925UKWH00002B/371

9 782013 456920